Marion Spörl

Der Orientalische Tanz

in der Schwangerschaft und Geburtsvorbereitung

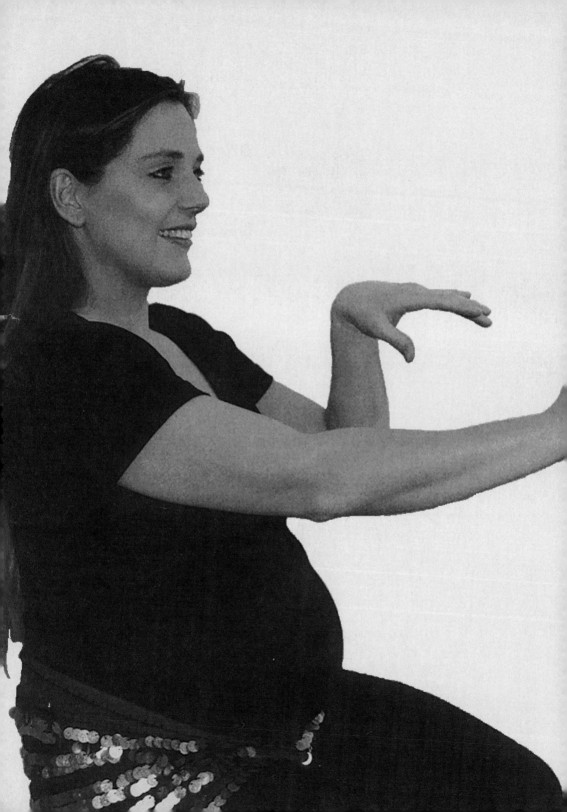

Marion Spörl

Der Orientalische Tanz

in der Schwangerschaft und Geburtsvorbereitung

Mit 79 Abbildungen

PFLAUM

Dr. med. MARION SPÖRL ist nach ihrem Medizinstudium in Regensburg und Würzburg und nach einem Aufbaustudium im Bereich Gesundheitsmanagement an der Akademie für Weiterbildung der Universitäten Heidelberg und Mannheim seit April 2000 als Ärztin im Praktikum im Werksärztlichen Dienst der Heidelberger Druckmaschinen AG tätig. Seit 1991 beschäftigt sie sich mit Orientalischem Tanz und war von 1994 bis 1998 Dozentin an der VHS Würzburg.

Anschrift der Autorin:

Dr. med. Marion Spörl
c/o Kirschenhofer
Ottilienweg 4
93128 Regenstauf

Die Deutsche Bibliothek – CIP-Einheitsaufnahme

Ein Titelsatz für diese Publikation ist bei Der Deutschen Bibliothek erhältlich.

ISBN 3-7905-0855-1

Copyright 2001 by Richard Pflaum Verlag GmbH & Co. KG
München • Bad Kissingen • Berlin • Düsseldorf • Heidelberg.
Alle Rechte, insbesondere die der Übersetzung, des Nachdrucks, der Entnahme von Abbildungen, der Funksendung, der Wiedergabe auf fotomechanischem oder ähnlichem Wege und der Speicherung in Datenverarbeitungsanlagen, bleiben, auch bei nur auszugsweiser Verwertung, vorbehalten.
Die Wiedergabe von Gebrauchsnamen, Handelsnamen, Warenbezeichnungen usw. in diesem Werk berechtigt auch ohne besondere Kennzeichnung nicht zu der Annahme, dass solche Namen im Sinne der Warenzeichen- und Markenschutzgesetzgebung als frei zu betrachten wären und daher von jedermann benutzt werden dürften. Wir übernehmen auch keine Gewähr, dass die in diesem Buch enthaltenen Angaben frei von Patentrechten sind; durch diese Veröffentlichung wird weder stillschweigend noch sonstwie eine Lizenz auf etwa bestehende Patente gewährt.
Satz: Adolf Schmid, Freising
Druck: Pustet, Regensburg

Informationen über unser aktuelles Buchprogramm finden Sie im Internet unter:
http://www.pflaum.de

*Gewidmet
meiner Tochter
Leonie*

PFLAUM PHYSIOTHERAPIE
Herausgeberin: Ingeborg Liebenstund

Inhalt

Geleitwort • 11

Einleitung • 13

**1 Ziele der Schwangerschaftsgymnastik
und Geburtsvorbereitung** • • • • • • • • • • • • • • • • 17

1.1 Historische Entwicklung der Geburtsvorbereitung • • • • 17

1.2 Information über Schwangerschaft und Geburt • • • • • 22

1.3 Linderung typischer Schwangerschaftsbeschwerden
und Gymnastik • 23

1.4 Förderung von Körperwahrnehmung und Entspannung • 25

1.5 Bewusstmachen verschiedener Atemtypen
und Atemarbeit • 28

1.6 Bewältigung von Ängsten werdender Mütter • • • • • • 31

**2 Möglichkeiten und Grenzen des Orientalischen Tanzes
in Bezug auf die Geburtsvorbereitung** • • • • • • • • • • 35

2.1 Bewegungsanalysen und Auswirkungen typischer Figuren
des Orientalischen Tanzes • • • • • • • • • • • • • • • • 36

2.1.1 Grundhaltung • 37

2.1.2 Hüftshimmy • 39

2.1.3 Hüftbewegungen • 43

2.1.4 Drehungen und Schritte • • • • • • • • • • • • • • • • • 56

2.1.5 Oberkörperbewegungen • • • • • • • • • • • • • • • • • 58

2.1.6 Arm- und Handbewegungen • • • • • • • • • • • • • • • 65

2.1.7 Bauchbewegungen • 72

2.2	Anpassung des Orientalischen Tanzes an verschiedene Stadien der Schwangerschaft	73
2.3	Veränderung des Körper- und Selbstbewusstseins durch den Orientalischen Tanz	79
2.4	Atmung und Tanz	82
2.5	Die Bedeutung der Musikauswahl	84

3 Realisierbarkeit des Orientalischen Tanzes in der modernen Geburtsvorbereitung ... 91

3.1	Integrationsmöglichkeiten des Orientalischen Tanzes in einen Geburtsvorbereitungskurs	91
3.2	Die Problematik gemischter Kurse mit schwangeren und nicht schwangeren Frauen	94
3.3	Orientalischer Tanz als Möglichkeit körperlicher Betätigung während der gesamten Schwangerschaftsdauer und darüber hinaus	95
3.4	Mögliche und nötige Qualifikationen der Kursleiterin	97
3.5	Inhaltliche und organisatorische Anforderungen an einen Kurs in Orientalischem Tanz für Schwangere	100

4 Historische Bezüge ... 105

4.1	Die Ursprünge des Orientalischen Tanzes und seine multikulturellen Einflüsse	109
4.1.1	Tanz im Ägyptischen Reich	111
4.1.2	Tempeltanz in Indien	112
4.1.3	Orientalischer Tanz im alten Griechenland	113
4.1.4	Orientalischer Tanz zu Zeiten des Römischen Reiches	115
4.1.5	Fruchtbarkeitstänze Schwarzafrikas	117
4.1.6	Der Einfluss der monotheistischen Religionen	118
4.1.7	Orientalischer Tanz im Spiegel des Orientalismus und Kolonialismus	121
4.1.8	Einzug des Orientalischen Tanzes in die westliche Welt	122

4.1.9	Der Einfluss der Filmbranche zu Beginn des 20. Jahrhunderts	123
4.2	Die verschiedenen Rollen des Orientalischen Tanzes in heutiger Zeit	125
4.2.1	Der Bauchtanz-Boom in den USA	125
4.2.2	Die Anfänge des Orientalischen Tanzes in Deutschland	126
4.2.3	Die Kommerzialisierung des Orientalischen Tanzes	126
4.2.4	Der Dualismus des Orientalischen Tanzes in der arabischen Welt	127
4.2.5	Erlebnisbericht einer Geburtstanz-Zeremonie	128

Anhang

Literaturverzeichnis 131
Sachverzeichnis 133

Danksagung

Ein herzliches Dankeschön an alle, die zur Entstehung dieses Buches ihren Teil beigetragen haben.

Herrn Prof. Dr. med. D. Kranzfelder danke ich für die Anregung zu diesem Buch und das Geleitwort.

Frau Christine Altmann und Frau Daniela Zoubek möchte ich für die große Geduld und Ausdauer bei den Fotoaufnahmen zur Dokumentation der Bewegungen des Orientalischen Tanzes danken. Christine Altmann war zum Zeitpunkt der Aufnahmen in der 33. Woche schwanger, und Daniela Zoubek befand sich in der 40. Schwangerschaftswoche (drei Tage vor der Geburt ihrer Tochter Annika).

Frau Ingeborg Schuster (von 1977–1997 Lehrkraft an der staatlichen Berufsfachschule für Physiotherapie in Würzburg) sei dafür gedankt, dass sie mir freundlicherweise ihre Unterrichtsmaterialien zur Verfügung gestellt hat.

Mein Dank gilt auch der Herausgeberin, Frau Ingeborg Liebenstund, und dem Richard Pflaum Verlag für die Aufgeschlossenheit gegenüber der Thematik *Orientalischer Tanz in der Geburtsvorbereitung* und die Bereitwilligkeit zum Druck des Manuskriptes.

Meinem Mann, Dr. Axel Spörl, danke ich für all die vielen Stunden, in denen er mich bei meiner Schreibarbeit entlastet hat, meinem Vater, Manfred Kirschenhofer, und Schwiegervater, Friedrich Spörl, für das Korrekturlesen.

Schließlich sei allen schwangeren und nicht (mehr) schwangeren Bauchtänzerinnen, Lehrerinnen für Orientalischen Tanz, Hebammen, PhysiotherapeutInnen und Geburtsvorbereiterinnen gedankt, die meine Arbeit durch ihre persönlichen Erfahrungen im Hinblick auf Schwangerschaft, Geburt und Orientalischen Tanz bereichert haben.

Geleitwort

Tanzen gibt die wunderbare Möglichkeit, Körper, Geist und Seele zu genießen und auf die Geburt einzustimmen. Tanzen ist ein uraltes, fundamental menschliches, der Existenzwahrung und Existenzgewinnung dienendes Verhalten. Im Tanzen stellt sich die Einheit von körperlichem und seelischem Erleben her.

Die Schwangerschaft kann als eine Lebensphase betrachtet werden, in der das Lebensgefühl sich in einer Krise im Sinne von Wandel befindet. Tanzen bedeutet in dieser Lebensphase die Möglichkeit zum Ausdruck aller Gefühle. Glücksgefühle können verstärkt werden, andererseits können negative Gefühle, wie Angst und Sorge, durch das intensive Leben von Kraft und innerer Besinnung nach außen gebracht und umgewandelt werden.

Schwangerschaft und Geburt unterliegen infolge der emanzipatorischen Entwicklung der Frau in der modernen Industriegesellschaft einem stetigen Wandel. Schwangerschaft und Geburt werden heute von Vielen bewusster geplant und häufig in einem höheren Alter erlebt. Der Wunsch, sich intensiv auf die Geburt vorzubereiten, hat das Interesse der Betroffenen an der Schwangerschaft selbst erheblich vermehrt. Es ist heute selbstverständlich, dass eine schwangere Frau schwangerschaftsbegleitend Geburtsvorbereitungskurse besucht. Dazu gehören die Schwangerschaftsgymnastik, Ernährungsvorträge, Yogaübungen, Babykurse, gemeinsame Partnerstunden, Tanzkurse und neuerdings auch der Bauchtanz.

Da wir bis heute nur sehr wenig über das Tanzen und speziell über den Bauchtanz in der Schwangerschaft wissen, habe ich Frau Dr. Spörl, die neben ihrem Medizinstudium viele Jahre als Dozentin für Orientalischen Tanz an der Volkshochschule Würzburg tätig war, zur wissenschaftlichen Auseinandersetzung mit dieser Thematik ermuntert. Das daraus entstan-

Geleitwort

dene Buch erweitert unser Wissen über den Inhalt der Schwangerschaftsgymnastik und den Bauchtanz. Es wird dadurch möglich, dieses Tanz-
medium in seinem Nutzen objektiv und kritisch zu bewerten.

Würzburg, im Januar 2001   *Prof. Dr. med. D. Kranzfelder*

Chefarzt der Abteilung
Gynäkologie und Geburtshilfe
Missionsärztliche Klinik
Salvatorstraße 7
97067 Würzburg

Einleitung

Orientalischer Tanz und *Geburtsvorbereitung* – lässt sich dies in Einklang bringen? Trotz der großen Bauchtanzwelle, die vor einigen Jahren über Deutschland hereinbrach und mehr oder weniger auch andere Länder Europas erfasste, assoziieren viele Menschen mit dem Wort *Bauchtanz* Begriffe wie Obszönität, Animation oder gar Prostitution. Wie in manchen anderen Bereichen des Lebens auch, sind hier oft Unwissenheit, jahrhunderte alte Gerüchte und Ignoranz als Gründe für die Vorurteile gegenüber dem Orientalischen Tanz zu nennen. Dass dieser so umstrittene Tanz nun auch Eingang in die Geburtshilfe finden soll, ist vielen Leuten unverständlich und zugleich auch unfassbar. Die wenigsten wissen, dass dieser Gedanke bereits von einigen Frauen in die Tat umgesetzt wurde. In vielen Städten und Ortschaften Europas – Deutschland ist hier an erster Stelle zu nennen – werden Kurse in Orientalischem Tanz für Schwangere angeboten, bis hin zu kompletten Geburtsvorbereitungskursen mit Orientalischem Tanz als Hauptbestandteil des gymnastischen Programms.

In zahlreichen Ländern Afrikas verkörperte dieser Tanz, der in seinen Grundbewegungen zwar überall gleich, ansonsten aber in regional bedingten Varianten bekannt ist, über viele Jahrhunderte hinweg weibliche Lebensfreude und diente indirekt als Mittel zur sanften Geburt. Frauen aller Altersstufen tanzten gemeinsam, und niemand wäre auf die Idee gekommen, daran etwas Anstößiges zu finden. Wir Europäer waren es, die diesen Tanz – den ältesten überhaupt, wie manche meinen – zu Zeiten der Kolonialherrschaft aufgrund damaliger Prüderie und übertriebener Moralvorstellungen auf die Ebene billiger Animation degradierten. Damals erhielt er auch den Namen Bauchtanz, in der französischen Literatur als ›danse du ventre‹ oder sogar ›danse lascive‹ beschrieben. Dabei leitet sich das Wort ›Tanz‹ von dem Sanskrit-Wort ›tanha‹ ab, was sich am besten mit »Lebensfreude« übersetzen lässt. Ebenso stammt das arabische Wort

Einleitung

für Tanz – ›raks‹ – vom assyrischen ›rakadu‹ – »sich freuen« ab.[1] In arabischen Ländern wird der Bauchtanz *Raks-al-sharqui* – Tanz des Ostens –, *Raks-al-misri* – Ägyptischer Tanz – oder in seiner traditionell einfachen Form *Raks-al-baladi* – Tanz des Volkes – genannt.[2] Aufgrund dieser negativen Assoziationen mit dem Begriff Bauchtanz wird heutzutage lieber vom Orientalischen Tanz gesprochen.

Im Grunde ist es eine Art Paradoxon, Orientalischen Tanz als ein Element *moderner* Geburtsvorbereitung zu betrachten. *Modern* bedeutet wohl in diesem Zusammenhang so viel wie auf *unseren europäischen Kontinent mit seinen Industrienationen bezogen.* Geburtsvorbereitung, wie sie bei uns praktiziert wird, ist in vielen arabischen Ländern kein Thema. Das bedeutet nicht, dass die Schwangere dort ihrem Zustand einfach ausgeliefert ist. Es sind nur andere Personen, Mittel und Methoden, die ihr bei Schwangerschaft und Geburt helfen können. Unsere eigene Kultur kann leider auf keine lange Tradition geburtsvorbereitender Maßnahmen zurückblicken. Der lang propagierte christlich geprägte Glaube, dass Gebären eine durch die Erbsünde bedingte qualvolle Prozedur sei, ist dafür maßgeblich verantwortlich. Die Jahrhunderte lang als negativ betrachtete Körperlichkeit des Menschen von Seiten der Kirche, die fleischlichen Bedürfnisse des Menschen einerseits und das christliche Gebot, diese als Versuchung des Bösen zu unterdrücken, andererseits, waren sowohl für die Entwicklung der allgemeinen Medizin als auch der Geburtshilfe äußerst hinderlich. Auch unser jetziges Industriezeitalter mit einer zwar hochtechnisierten Medizin aber im Grunde sehr funktionellen Betrachtungsweise des Menschen birgt Gefahren, die auf geburtshilflichem Sektor Anlass für heftige Diskussionen waren und sind. So sollte es nicht verwundern, wenn unsere moderne Medizin und ebenso die Geburtshilfe Anleihen bei Kulturen nehmen, für die körperliches Wohlbefinden und geistige Ausgeglichenheit zwei voneinander untrennbare und gleichermaßen zu erstrebende Dinge waren. Man denke v.a. an Yoga, Akupunktur, Akupressur oder Shiatsu. Der Orientalische Tanz stellt somit nur ein weiteres Glied in dieser Kette den Körper positiv beeinflussender fremdländischer Kulturanleihen dar.

---

1 vgl. Sabine Gebauer: Bauchtanz. Erotik – Sexualität – Sinnlichkeit. in: Saida. Die Zeitschrift für orientalischen Tanz und Kultur. 3 (1994). Wien: Verlag Bernadette Kügle. S. 21

2 vgl. Gerald Jonas: DANCING. Wir tanzen, weil wir leben. Köln: vgs verlagsgesellschaft 1993. S. 118

Einleitung

Dass wir erst jetzt so weit sind, die positiven Aspekte dieses Tanzes genauer zu betrachten und für uns nutzbar zu machen, liegt sowohl an den bereits oben erwähnten überlieferten Moralvorstellungen, als auch an der Tatsache, dass der Orientalische Tanz ein urweiblicher Tanz ist. So war es das Verdienst einiger selbstbewusster Pionierinnen, dass dieser fest in der westlichen Welt Fuß fassen konnte, und es wird auch Aufgabe der Frauen sein, ihm den Einzug in die Geburtsvorbereitung und Geburtshilfe zu verschaffen. Diese Arbeit soll einen kleinen Beitrag dazu leisten und vielen interessierten Physiotherapeutinnen, Hebammen, Ärztinnen und Ärzten, Frauen und Männern die Scheu vor dem Unbekannten nehmen.

Es ist nicht das Ziel, die herkömmliche Geburtsvorbereitung gänzlich zu revolutionieren oder bestehende Methoden zu kritisieren. Sie alle haben ihre Vor- und Nachteile, ihre Anhänger und Gegner. Auch der Orientalische Tanz ist nicht jederfraus Sache und wird gewisser Kritik ausgesetzt sein. Für diejenigen aber, die dafür aufgeschlossen sind und Freude am Ausprobieren neuer Bewegungsformen haben, kann er eine sehr große Bedeutung erlangen, da er nicht nur zu neuem Körperbewusstsein führt, sondern auch eine Auseinandersetzung mit dem eigenen Rollenverständnis als Frau erzwingt. Das Ziel ist somit, das große Gebäude der Geburtsvorbereitung um einen Baustein zu erweitern. Die möglichen Probleme dabei sollen nicht unberücksichtigt bleiben. Diese ergeben sich z.B. bei der praktischen Durchführung der Kurse, der nötigen Qualifikation der Kursleiterin oder der unterschiedlichen Meinung der Unterrichtenden bezüglich der Auswahl der Bewegungselemente. Es soll erörtert werden, wie sich der Tanz in Bezug auf die Schwangerschaft optimal einsetzen und wie er sich in den Ablauf eines Geburtsvorbereitungskurses integrieren lässt. Bei der Realisierbarkeit bestehen allerdings gewisse Schwierigkeiten. Dies liegt v.a. an den bisher erst gegen Ende der Schwangerschaft durchgeführten Kursen sowie an der unstrukturierten Ausbildungsmöglichkeit in Orientalischem Tanz für Geburtsvorbereiterinnen und der meist fehlenden Ausbildung in Geburtsvorbereitung von Lehrerinnen für Orientalischen Tanz. Doch wie schon ein altes Sprichwort lautet: *Wo ein Wille ist, ist auch ein Weg,* und so wird sich auch für den Orientalischen Tanz ein Weg für die Einführung in die Geburtshilfe finden, falls es eine Form der Geburtsvorbereitung ist, die modernen Frauen entgegenkommt. Um nochmals eine Redewendung anzuführen: *Aller Anfang ist schwer.*

Marion Spörl

Abb. 1: Folkloretanz im »typischen« (Baladi-)Kostüm (25. Schwangerschaftswoche)

1

Ziele der Schwangerschaftsgymnastik und Geburtsvorbereitung

1.1 HISTORISCHE ENTWICKLUNG DER GEBURTSVORBEREITUNG

Bevor man über die Aufgaben und Wege der Schwangerschaftsgymnastik und Geburtsvorbereitung spricht, sollte man sich erst einmal Gedanken darüber machen, weshalb man diese überhaupt für nötig hält. Im Laufe der Menschheitsgeschichte haben die verschiedenen Kulturen die unterschiedlichsten Methoden und Stellungen zu gebären entwickelt. Alle haben zum Ziel, der Frau die Schmerzen zu erleichtern, z. B. durch Ablenkung im Kreise anderer Frauen oder durch besondere Zuwendung und praktische Hilfe von Verwandten, die bereits geboren haben. In manchen Kulturen wurden und werden die Frauen während der Geburt aber auch sich selbst überlassen. Sie gelten – wie auch während der Menstruation – als unrein. In dieser Situation sind die Gebärenden ganz besonders darauf angewiesen, auf die Signale ihres Körpers zu achten.

Das Ehepaar Grete und Wulf Schievenhövel berichtet in einem Film über seine Forschungsergebnisse zum Gebärverhalten der eingeborenen Frauen auf West-Neuguinea und die in der Abgeschiedenheitsperiode aufgestellten Gebärhütten und -zelte. »Dabei stellten die Forscher fest, dass

1 Ziele der Schwangerschaftsgymnastik und Geburtsvorbereitung

die Kreißenden von sich aus – also ohne jegliche Anweisungen – viele unterschiedliche Haltungen im Stehen, Knien und Sitzen einnehmen, sich jedoch niemals passiv in liegender Position befinden. Instinktiv haben diese Frauen ein sicheres Gefühl für die jeweils vorteilhafteste Lage. Zur Vermeidung jeder Infektion kam keine menschliche Hand mit dem Vaginalbereich in Berührung. Welche Position für das Tiefertreten des kindlichen Kopfes oder für die Austrittsperiode förderlich sein konnte, wurde von den Gebärenden selbst empfunden und entschieden.«[3]

Angesichts derartiger Berichte stellen sich folgende Fragen: Haben die Frauen der westlichen Welt dieses Urvertrauen in ihren Körper verloren, haben sie es verlernt, die Signale ihres Körpers zu deuten oder vermögen sie nicht mehr, diese wahrzunehmen? Warum bedarf es genauer Verhaltensmaßregeln für die Geburt? Hat ihr Körper das Gebären verlernt?

Nun, auf diese Fragen mögen verschiedene Antworten zutreffen. Zum einen hat der christliche Glaube über Jahrhunderte hinweg an der Vorstellung der Schmerzhaftigkeit der Geburt – gleichsam als Strafe für den Sündenfall im Paradies – festgehalten: »Zur Frau sprach er (Gott): Viel Mühsal bereite ich dir, sooft du schwanger wirst. / Unter Schmerzen gebierst du Kinder« (GENESIS 3,16). Zum anderen bedeuteten Schwangerschaft und Geburt zu Zeiten schlechter oder gar keiner medizinischer Versorgung eine erhöhte Gefahr für das Leben von Mutter und Kind.

Diese Gefahr kennen auch die Naturvölker. Warum dort Geburten in der Regel komplikationsärmer verlaufen, liegt wohl an der Einstellung zum Geschehen selbst. Das Vertrauen in den eigenen Körper, die Kinderfreundlichkeit im Allgemeinen und die Hinnahme von Geburt und Tod als zwei mit dem Leben unmittelbar verknüpfte natürliche Prozesse lassen bei der Gebärenden die Freude auf das Kind dominieren. Sicher haben auch diese Frauen begründete Urängste vor Komplikationen, verläuft auch bei Naturvölkern die Geburt nicht völlig schmerzlos, doch sie verstehen es, mit dem Schmerz umzugehen, ihren Körper und Geist der extremen Situation anzupassen. Dazu tragen auch eine natürliche Einstellung zur Sexualität und eine andere Auffassung von Schamgefühl, als sie in der westlichen Welt vorherrschte, bei.

---

3 Friedrich von Zglinicki: Geburt und Kindbett im Spiegel der Kunst und Geschichte. Sonderausgabe der Firma Grünenthal GmbH. Aachen: Unas Verlag, U. Bayer 1990. S. 25

1.1 Historische Entwicklung der Geburtsvorbereitung

Wie konnte die Frau einer Gesellschaft, in der die Körperteile unterhalb der Gürtellinie als Schamregion tabuisiert wurden, und die sie aus Schönheitsaspekten zwang, sich ihre inneren Organe zusammenzuschnüren, ein Gefühl für die Vorgänge in ihrem Bauch entwickeln? Wer will schon von einer ruhigen und entspannten Atmosphäre reden, wenn nervöse Hebammen und Ärzte unter weiten Röcken herumtasten und, ohne etwas zu sehen, versuchen, einem Kind auf die Welt zu helfen?

Angesichts einer solchen Vergangenheit mag es nicht verwundern, wenn sich Geburtshelfer des 20. Jahrhunderts darüber Gedanken machen, mit welchen Methoden man den Frauen das Gebären erleichtern kann. Dabei entstanden ganz unterschiedliche Richtungen, die sich aber alle aus zwei mehr oder weniger verschiedenen Grundtheorien entwickelten, der **Psychosomatischen Geburtsvorbereitungsmethode** des englischen Geburtshelfers Grantly Dick-Read (1933) und der **Psychoprophylaktischen Methode** des russischen Geburtshelfers A. P. Nikolajew.

Ausgangspunkt für Reads Methode war das von ihm propagierte ›Angst-Spannung-Schmerz-Syndrom‹. Durch die psychische Emotion Angst kommt es zu einer Gefäß- und Muskelverkrampfung, die Sauerstoffversorgung des Gewebes verschlechtert sich, der Schmerz verstärkt sich und mit ihm auch die Angst. Es entsteht ein Teufelskreis, der durch Aufklärung der Frauen über die körperlichen Veränderungen während der Schwangerschaft und Geburt, eine eingehende psychologische Führung und Anwendung einer ruhigen und tiefen Atmung während der Geburt sowie durch gezielte Lockerungsübungen während der Schwangerschaft durchbrochen werden soll.[4]

Die Psychoprophylaktische Methode Nikolajews beruht auf der Lehre des russischen Hirnphysiologen Pawlow von den bedingten Reflexen. Ziel ist es, negativ bedingte Reflexe aufgrund schlechter Erfahrungen durch positive zu ersetzen. K. J. Platonow, russischer Geburtshelfer und zusammen mit Velvovski von Nikolajew als Urheber der Psychoprophylaxe bezeichnet, soll 1936 auf einer Geburtshelfer- und Gynäkologenkonferenz »folgende Forderungen erhoben haben: ›Das oberste Ziel bei der Lösung des Problems der Schmerzausschaltung bei der Geburt muß die Umerzie-

---

4   vgl. Liselotte Kuntner: Die Gebärhaltung der Frau. Schwangerschaft und Geburt aus geschichtlicher, völkerkundlicher und medizinischer Sicht. 4. ergänzte Aufl. München: Hans Marseille Verlag GmbH 1994. S. 190

1 Ziele der Schwangerschaftsgymnastik und Geburtsvorbereitung

hung der seit Jahrzehnten eingebürgerten Ansicht und das verhängnisvolle Vorurteil von der scheinbaren Unvermeidlichkeit des Geburtsschmerzes sein.‹ Der Geburtshelfer A. P. Nikolajew, der damals anwesend war, soll diesen Gedanken sofort aufgegriffen und Vorschläge zu seiner praktischen Anwendung und Verbreitung gemacht haben.«[5] Durch Beratung, Schulung, Aufklärung über die Pawlowsche Schmerzentstehungstheorie, Ablenkung und Suggestion (Wort-Suggestion) soll in der Hirnrinde ein positiver Erregungsherd, die sogenannte ›Geburtsdominante‹, geschaffen werden, wodurch es zu einer Hemmung anderer Areale des Gehirns und somit einer schmerzarmen bis schmerzfreien Geburt kommt.

Der berühmteste Nachfolger Nikolajews ist der Franzose F. Lamaze, ehemaliger Leiter der geburtshilflichen Abteilung der Policlinique des Métallurgistes in Paris. Er hat seine ganze Klinik auf die Psychoprophylaktische Geburtsvorbereitung umgestellt. Er erreichte eine Ablenkung der Frauen vom Schmerzgeschehen v. a. dadurch, dass er eine komplizierte Atemtechnik entwickelte, für deren korrekte Anwendung und Durchhaltung es starker Konzentration und aktiver Teilnahme am Geburtsgeschehen bedarf.[6] K. H. Lukas hat die Methoden von Lamaze und Read schematisch gegenübergestellt (s. Tab. 1)[7].

Eine Fortführung dieser Ansätze geburtsvorbereitender Methoden erfolgte mit z. T. geänderter Schwerpunktthematik und Methodik u. a. durch die Franzosen F. Leboyer (sein Ziel ist die ›Geburt ohne Gewalt‹ mit besonderem Augenmerk auf die Leiden des Kindes während der Geburt) und M. Odent (seine Methode beruht auf den Ansichten Leboyers, nur behält er neben den Leiden des Kindes auch die werdende Mutter im Auge, die sich aus eigenem Antrieb ihre Gebärpositionen sucht, u.U. auch im Wasserbecken), K. H. Lukas (propagiert in Deutschland die ›psychologische Geburtsvorbereitung‹, die im Wesentlichen auf den Gedankengängen Reads gründet, mit der Vorbereitung der Schwangeren in kleinen Gruppen als wichtigem Aspekt), R. Menne (Förderin einer ganzheitlich körperbezogenen Geburtsvorbereitung) oder S. Kitzinger (amerikanische Autorin mehrerer Bücher über Schwangerschaft und Geburt und Protagonistin der ›natürlichen Geburt‹).

5 Karl Hermann Lukas: Die psychologische Geburtserleichterung. Anleitung für Ärzte, Hebammen und Krankengymnastinnen zur psychologischen Geburtsvorbereitung und Geburtsleitung. 3. überarb. Aufl. Stuttgart – New York: F. K. Schattauer Verlag 1976. S. 6f

6 vgl. ebd. S. 7–10

7 Ebd. S.12

1.1 Historische Entwicklung der Geburtsvorbereitung

Tab. 1: *Gegenüberstellung der Methoden von Lamaze und Read durch K. H. Lukas*

READ	LAMAZE
Hauptstörungsfaktor: Angst	*Hauptstörungsfaktor:* Negative bedingte Reflexe
Folge: Psychosomatische Fehlhaltung (= affektive, vegetative und muskuläre Spannung) »Angst-Spannung-Schmerz-Syndrom«	*Folge:* Störung der »kortikal-subkortikalen Wechselbeziehung«* (»Durchbruch« negativer bedingter Reflexe in die Hirnrinde)
Prophylaktische Maßnahmen: Aufklärung, Entspannungsübungen, Atemschulung, Gymnastik	*Prophylaktische Maßnahmen:* Aufklärung im Sinne des PAWLOW-schen Nervismus, Ersatz der negativen durch positive Suggestionen, Umschulung
Wirkung der Vorbereitung: Affektive, vegetative und muskuläre Entspannung	*Wirkung der Vorbereitung:* »Aktivierung« der Hirnrinde, Ersatz negativer durch positive bedingte Reflexe
Prinzip der Vorbereitung: Einstellung der Schwangeren auf aktive Entspannung und psycholo- gische Ausrichtung auf das Ziel	*Prinzip der Vorbereitung:* Erziehung zur aktiven Mitarbeit (Leistungsprinzip) »geistige Schulung«
Atemtypus: Langsam, entspannend	*Atemtypus:* Rasch, »aktivierend« (ablenkend)
Ziel: Natürliche Geburt	*Ziel:* Schmerzlose Geburt

* = Wechselbeziehung zwischen Hirnrinde und übrigem Teil des Nervensystems.

1 Ziele der Schwangerschaftsgymnastik und Geburtsvorbereitung

Heutzutage wird in Geburtsvorbereitungskursen selten strikt nach der Psychoprophylaktischen oder Psychosomatischen Methode vorgegangen. Die positiven Aspekte beider werden zu einer neuen Form der Geburtsvorbereitung kombiniert, die durch ausführliche Information, Gymnastik, Entspannungsübungen und Atemtraining sowohl Geist als auch Körper auf die kommende Geburt einzustellen versucht. Die heutigen Schulen und Ausbildungszentren für PhysiotherapeutInnen vermitteln im Fachgebiet Frauenheilkunde zum Thema Geburtsvorbereitung bestimmte Lehrinhalte, die ein gut organisierter Geburtsvorbereitungskurs abdecken sollte. Die Art und Weise der Umsetzung und Durchführung, z. B. die Auswahl bestimmter Übungen zur Kräftigung einer Muskelgruppe, bleibt der Kursleiterin selbst überlassen. Vielfach werden auch fremdländische und neuartige Methoden mit einbezogen, v. a. auf dem Gebiet der Entspannung, wie z. B. Yoga oder Autogenes Training. Im Folgenden sollen nun die wichtigsten Aspekte moderner Geburtsvorbereitung angeführt werden. Die Schwangerschaftsgymnastik wird hierbei als Unterpunkt behandelt und nicht als eigenständiges Fachgebiet.

1.2 INFORMATION ÜBER SCHWANGERSCHAFT UND GEBURT

Die Informationsarbeit teilen sich häufig Physiotherapeutin, Hebamme und Arzt, wobei eine gute Zusammenarbeit sehr wichtig ist, um keine Lücken oder Überschneidungen entstehen zu lassen. Die Fülle an Information soll ein gewisses Mindestmaß erreichen, ist letztlich aber auch vom Wissensdrang der Schwangeren abhängig. Eine Kursleiterin für Geburtsvorbereitung sollte mit dem Thema Schwangerschaft und Geburt, den damit verbundenen seelischen und körperlichen Veränderungen und auch Komplikationen bestens vertraut sein, um verschiedenste Fragen beantworten zu können und somit auf diesem Gebiet Glaubwürdigkeit zu erlangen. Durch gezielte Information soll den Schwangeren die Angst vor dem neuen Zustand und den kommenden Veränderungen genommen werden. Der Ablauf der Geburt und die Umstände im Kreissaal sollen ihnen im Voraus bekannt sein, damit sie sich ruhig und vertrauensvoll auf das Geschehen einlassen können. Auch die neue Situation mit einem Kind soll keine Hilflosigkeit entstehen lassen, weswegen die Säuglingspflege und die Nachbetreuung durch freiberufliche Hebammen zwei Gesprächspunkte im Kurs darstellen sollten. Weitere Themen sind:

- Anatomie des weiblichen Beckens und der weiblichen Geschlechtsorgane sowie Lage und Funktion des Beckenbodens
- körperliche Veränderungen in der Schwangerschaft und damit verbundene Beschwerden (Ödeme, Varizen, orthostatische Beschwerden, Symphysenschaden, statische Belastungs- und Überdehnungsbeschwerden, Frühgeburtsbestrebungen)
- Umstellung des Hormonhaushaltes und deren Auswirkung auf die Psyche und den Körper
- optimales Verhalten während der Schwangerschaft bezüglich Ernährung, Hygiene, Hautpflege, Kleidung u. a.
- Geburtsverlauf, Gebärmöglichkeiten und Ausstattung des Kreißsaales (Blasensprung, Zeitpunkt des Klinikbesuchs, vorbereitende Maßnahmen in der Klinik, verschiedene Phasen der Geburt, Wehenverlauf, Möglichkeiten medikamentöser Schmerzlinderung, externes und internes CTG, Dammschnitt, Nachgeburtsphase, Aufgaben von Hebamme und Arzt)
- Sexualität während der Schwangerschaft
- Veränderung der Lebenssituation durch das Kind.

1.3 LINDERUNG TYPISCHER SCHWANGERSCHAFTS-BESCHWERDEN UND GYMNASTIK

Die Vorbeugung und Linderung von durch die Schwangerschaft bedingten Beschwerden sowie ein allgemeines körperliches Training sind Aufgaben der Schwangerschaftsgymnastik. Diese ist ein fester Bestandteil des Geburtsvorbereitungskurses, wird teilweise aber auch noch separat zu diesem angeboten, da die Zeit im Kurs meist nur für die Erklärung der Übungen ohne intensives Training ausreicht. Bevorzugt werden Übungen, die die durch die Schwangerschaft und Geburt besonders beanspruchten Muskelgruppen kräftigen. Viele Bewegungen, v. a. die des Beckens, sind sowohl für Schwangerschaft als auch Geburt hilfreich und wohltuend. Grundsätzlich sollten keine Übungen ausgewählt werden, die ein falsches Verhalten während der Geburt fördern könnten, z. B. Haltung mit Hohlkreuz oder Einatmen bei starker Anspannung.

1 Ziele der Schwangerschaftsgymnastik und Geburtsvorbereitung

Die Schwangerschaftsgymnastik bedient sich verschiedener Ausgangsstellungen für die einzelnen Bewegungen: Stand, Sitz auf einem Hocker oder Pezziball, Schneidersitz, Vierfüßlerstand, Seitenlage, Rückenlage oder bei Partnerübungen auf verschiedene Weise an einen Partner gelehnt.

Vor dem Beginn der gymnastischen Übungen ist das Erlernen einer richtigen Haltung besonders wichtig, um statische Belastungsbeschwerden zu vermeiden. Auch die richtige Haltung bei verschiedenen Tätigkeiten, z. B. Bücken oder Aufstehen, muss erklärt werden.

Weiterhin sollte eine gut organisierte Schwangerschaftsgymnastik folgende Bereiche abdecken:

- rückstromfördernde Übungen zur Vorbeugung und Besserung von Ödemen, Varizen, Kreislauf- und Stoffwechselstörungen
- Fußgymnastik zur Stärkung des Fußgewölbes und Verhinderung eines Senk- oder Plattfußes
- Kräftigung der schrägen und geraden Bauchmuskeln zur Stärkung der Bauchwand und für eine effektive Bauchpresse während der Geburt
- Stärkung der Oberschenkelmuskulatur wegen des erhöhten Gewichtes, ebenso für eine leicht in den Knien gebeugte Haltung wichtig und eine eventuelle vertikale Gebärposition
- Trainieren von Anspannen und Loslassen des Beckenbodens zur Kräftigung der Muskulatur und um ein Gespür für diese Körperregion zu erlangen und somit eine Verkrampfung während der Geburt zu vermeiden
- Dehnen der Adduktoren, um während der Austreibungsphase für das Kind möglichst viel Platz zu schaffen
- Mobilisation der gesamten Wirbelsäule, v. a. aber des Lendenwirbelsäulenbereichs und des Übergangsbereiches zur Brustwirbelsäule, um eine für die Geburt nötige Beweglichkeit zu erhalten und Verspannungen vorzubeugen
- Mobilisation von Schulter-, Arm- und Handgelenken zur Verhinderung fortlaufender Verspannungen und zur Rückstromförderung des Blutes aus den oberen Extremitäten
- Mobilisation des Beckens, um Kreuzschmerzen im Lendenwirbelsäulenbereich, die durch Druck der Gebärmutter auf die Sakroiliakalgelenke entstehen, zu lindern; weiterhin, um eine für die Geburt vorteilhafte gute Beweglichkeit des Beckens zu erlangen und zur Förderung einer sowohl für Schwangerschaft als auch Geburt positiven kyphotischen Stellung.

All diese Punkte sollten zu einem Gymnastikprogramm ausgearbeitet werden, wobei die Gewichtung der verschiedenen Aspekte in Abhängigkeit von der Kursleiterin variieren kann. Auch die Auswahl der Übungen zur Erlangung der genannten Ziele steht frei. Sie können selbst entworfen, konservativen Anleitungen oder fremdländischen Gymnastikarten, wie z. B. dem Yoga, entnommen sein.

1.4 FÖRDERUNG VON KÖRPERWAHRNEHMUNG UND ENTSPANNUNG

Entspannungsübungen zählen neben der Gymnastik und der Arbeit am Atem zu einem der wichtigsten Aspekte der Geburtsvorbereitung. Ziel ist sowohl eine körperliche als auch seelische Entspannung. Nach psychosomatischen Gesichtspunkten kann bei starker psychischer Erregung keine adäquate muskuläre Entspannung erreicht werden und umgekehrt. Im Kreißsaal aber soll die Gebärende in der Lage sein, sich nach innen, d. h. zum Geburtsgeschehen hin, zu öffnen und ihren Körper nicht durch zusätzliche Verkrampfung belasten. Die Geburt soll bewusst und positiv erlebt werden, die Psyche soll wie die Muskulatur so weit beeinflussbar sein, dass keine Entgleisung droht.

Um dieses Ziel zu erreichen, wurden die verschiedensten Methoden entwickelt und propagiert. Es sind jedoch nicht alle Methoden für jede Frau geeignet. Viele stellen große Anforderungen in Bezug auf Körperbewusstsein und mentale Fähigkeiten. So stellt das Autogene Training von J. H. Schultz bei korrekter Anwendung eine wertvolle Entspannungsmöglichkeit dar. Meist reicht die Zeit im Kurs jedoch nicht aus bis zur selbstständigen Beherrschung der Methode. Auch die Hypnose lässt sich wohl kaum im Kreißsaal realisieren. Zudem schließt sie die Gebärende von einer aktiven Mitarbeit, die besonders in der Austreibungsphase erwünscht ist, aus.

Oft fällt es den Schwangeren sehr schwer, sich auf Kommando hinzulegen und zu entspannen. Selbst Begriffe wie *lockerlassen, loslassen, sich schwer machen*, usw. helfen nur wenig. Aus diesem Grunde muss man Orientierungshilfen in Bezug auf die Körperwahrnehmung und -entspannung geben. Nur ein Muskel, der auch gespürt wird, kann bewusst entspannt werden. Auf diese Theorie stützt sich die Methode der Progres-

1 Ziele der Schwangerschaftsgymnastik und Geburtsvorbereitung

siven Muskelrelaxation nach E. Jacobson. Sie arbeitet nach dem Prinzip: isolierte Muskelentspannung nach bewusster Muskelkontraktion. Dabei werden nacheinander alle willkürlichen Muskeln von Kopf bis Fuß erfasst.

Eine andere Art, Entspannung durch Körperwahrnehmung zu erlangen, stellt die Lösungstherapie nach Schaarschuch-Haase dar. »Bei der Konzentration auf den Körper wird besonderer Wert auf die Wahrnehmung der Atmung bzw. das Empfinden von Atembewegungen und Atemrhythmus (sog. Atemform) gelegt. In der Lösungstherapie wird also ein gesteigertes Sinnesempfinden für den Körper beim Ruhen und beim Bewegen entwickelt. Diese Arbeitsweise wird heute als Schulung der Wahrnehmungsfähigkeit bzw. Körperwahrnehmung bezeichnet. In der Lösungstherapie wird diese Körperwahrnehmung durch die sogenannte Tastarbeit systematisch entwickelt, die alle Behandlungstechniken begleitet und im Sinne des Lösens fördert. Die Tastarbeit ist aber auch als eine für sich allein stehende Technik anwendbar und kann dann zu einer besonders vertieften Wahrnehmung führen.«[8] Die Tastarbeit wird weiter in eine allgemeine und eine spezielle Tastarbeit unterschieden.

Allgemeine Tastarbeit:

- Wahrnehmen von Körperstellungen
- Wahrnehmen des *Sinkens* bei allen Techniken, die mit dem Einsatz und Erspüren der Schwerkraft arbeiten, z. B. Lagerungen, Dehnlagen oder Abhebeproben bestimmter Gliedmaßen und Rumpfabschnitte durch den Behandler
- Wahrnehmen möglicher, bisher unbewusster Muskelverspannungen im Gesicht, Schulter- und Armbereich oder Becken- und Beinbereich
- Wahrnehmen des Körperbefindens vor und nach Anwendung der Behandlungstechniken; diese sind u. a. Abhebeproben und schnelles Lagern durch den Behandler, Dehnlagen, aktive und passive Dehnungen, Drehlagen, Rollenlagerungen oder Hilfsgriffe (Hänge-, Packegriffe und Anhakstriche).

Spezielle Tastarbeit:

- Wahrnehmen bestimmter Körperbereiche als Räume, z. B. Becken, Bauchraum *(untere Basis)* und Kopfraum *(obere Basis)*

---

8 Hedi Haase, Hilla Ehrenberg, Marianne Schweizer: Lösungstherapie in der Krankengymnastik. München: Pflaum Verlag 1985. S. 14

1.4 Förderung von Körperwahrnehmung und Entspannung

● Wahrnehmen bestimmter kompakter Körperteile, z. B. Gelenke, Gliedmaßen oder Teile davon, in ihrer geweblichen Beschaffenheit, den knöchernen Verbindungen und Beziehungen zu benachbarten Körperabschnitten.[9]

Einen nicht zu unterschätzenden Wert für die Entspannung während des Geburtsvorganges hat die Atmung. Eine ruhige und tiefe Atmung löst Verkrampfungen sowohl der willkürlichen als auch der vegetativ innervierten Muskulatur. Allein schon die optimale Versorgung mit Sauerstoff kann einem Spasmus der stark strapazierten Muskeln vorbeugen. F. Stähler wies 1936 in seinen Untersuchungen über die *Arbeitsphysiologie der Schwangerschaft* nach, dass sich die psychische Verfassung der Gebärenden unmittelbar auf den Atemtypus auswirkt.[10] Dies erklärt auch das umgekehrte Phänomen, dass durch eine ruhige Atmung ein gewisses Maß an geistiger Entspanntheit erreicht werden kann.

So stellt z. B. Yoga während der Schwangerschaft eine Entspannungsmethode dar, die durch Kombination von Atmung, bestimmten Haltungen und Bewegungen und Meditation das Körperbewusstsein schult und ein Gefühl für den Körperschwerpunkt vermittelt. Yoga beinhaltet eine wohltuende Wirkung auf Muskulatur, Skelett, Nervensystem, Psyche, Verdauungsorgane und Kreislauf. Erstrebt wird eine Harmonie zwischen Körperhaltung, Atmung und Schwerkraft der Erde – ein gerade während des Geburtsvorganges wünschenswerter Zustand.[11]

Innerhalb des Geburtsvorbereitungskurses wählen manche Kursleiterinnen gelegentlich auch andere weniger populäre Entspannungstechniken wie z. B. die Bewegungsentspannung durch die Ausführung verschiedener Tai chi-Übungen.

Dies zeigt, dass Entspannung grundsätzlich nicht als ein separater Unterpunkt der Geburtsvorbereitung gesehen werden kann, sondern auf vielfache Weise mit anderen Aspekten wie der Schwangerschaftsgymnastik und der Arbeit am Atem verknüpft ist. Diese Erkenntnis zu nutzen und durch die Förderung der Körperwahrnehmung (durch spezielle Atem-

---

9 vgl. ebd. S. 5–7, 15

10 vgl. K. H. Lukas 1976. S. 52

11 vgl. Janet Balaskas: Yoga für Schwangere. Übungsprogramm mit Tonkassetten. München Kösel-Verlag GmbH & Co.1990

1 Ziele der Schwangerschaftsgymnastik und Geburtsvorbereitung

übungen und gezielte Gymnastik) gleichzeitig eine wichtige Voraussetzung für die Entspannungsfähigkeit der Schwangeren zu schaffen, ist eine der Hauptaufgaben der Geburtsvorbereitung.

1.5 BEWUSSTMACHEN VERSCHIEDENER ATEMTYPEN UND ATEMARBEIT

Die Arbeit an der Atmung wird von den einzelnen Geburtsvorbereitern sehr unterschiedlich gewichtet. Nach der Methode von Lamaze wird versucht, durch Konzentration auf ein kompliziertes Atemschema die Frauen von der Wahrnehmung unangenehmer Emotionen wie Angst und Schmerz abzulenken. Das Erlernen dieser Atemtechnik stellt zusammen mit der theoretischen Aufklärung über Schwangerschaft und Geburt die wichtigsten Aspekte des Kurses dar. Für Read ist die Atmung ein willkommenes Hilfsmittel, um Stress und Schmerz besser zu verarbeiten, durch optimale Sauerstoffzufuhr Verkrampfungen zu vermeiden und beste Voraussetzungen für eine natürliche, komplikationslose Geburt zu schaffen.

Andere Geburtsvorbereiter sind der Meinung, dass der Körper in einer ruhigen und entspannten Atmosphäre selbst die richtige Atmung findet. Oft fehlt jedoch das nötige Gefühl und auch Vertrauen, bei der Suche des richtigen Atemrhythmus auf die Signale des Körpers zu hören. So wie eine inadäquate Atmung beim Laufen sehr leicht Seitenstechen hervorrufen kann, so führt sie auch während der Geburt zu Muskelverkrampfungen und vermehrtem Schmerz.

Die Atmung stellt einen einzigartigen Vorgang in unserem Körper dar. Sie ist zwar auf komplexe Art und Weise durch das vegetative Nervensystem weitgehend geregelt, aber innerhalb dieser physiologischen Grenzen auch willentlich beeinflussbar. Die Atmung reflektiert gewissermaßen wie eine Art Spiegel die psychovegetative Verfassung. Sind wir durch Empfindungen wie Schmerz, Angst oder auch Freude stark erregt, so lässt sich dies oft in einem veränderten Atemrhythmus erkennnen. Andererseits besteht die Möglichkeit, durch bewusstes Atmen auf den Zustand des Vegetativums Einfluss zu nehmen und dadurch z. B. Verspannungen zu lösen oder Stressreaktionen zu dämpfen. Dazu ist es allerdings nötig, seinen Atemrhythmus und den Atemablauf zu kennen und zu spüren. Hieraus leiten sich die Aufgaben der Geburtsvorbereitung in Bezug auf die Atmung ab.

1.5 Bewusstmachen verschiedener Atemtypen und Atemarbeit

- Information über Lage und Funktion von Atemhilfsmuskulatur und Zwerchfell
- Erklärung und Üben der verschiedenen Atemtypen (Bauchatmung, Brustatmung oder kombinierte Atmung) sowie der Variationsmöglichkeiten bezüglich der Atemtiefe und Geschwindigkeit
- Erspüren der verschiedenen Bewegungsrichtungen des Rumpfes bei der Ein- und Ausatmung (ventral, lateral, kaudal und lumbodorsal)
- Darstellung der funktionellen Beziehung zwischen Diaphragma, Diaphragma pelvis, Bauchmuskulatur und Eingeweiden des Bauchraumes
- Erläuterung der Beziehung zwischen Beckenboden und Mundhöhle, sowie die Bedeutung einer offenen Stimmritze, und davon abgeleitet Entspannungsübungen für die mimische Gesichts-, Kaugelenks-, Kehlkopf- und Mundbodenmuskulatur
- Kriterien für eine entkrampfte und entspannende Atmung erarbeiten und deren Anwendung üben: keine Atempausen nach dem Einatmen, um ein schmerzbedingtes Luftanhalten zu vermeiden; die Luft frei strömen lassen, sie nicht »einsaugen« oder nach Luft schnappen, ebenso nach dem Ausatmen nicht noch zusätzlich Luft aus der Lunge pressen, um eine Anspannung der Bauchdecken sowie die Gefahr einer Hypokapnie und Hyperventilation zu vermeiden
- Erlernen einer betonten und entspannenden Ausatmung unter Anwendung verbaler Hilfsmittel wie Summen oder Stöhnen, sowie einer generell ruhigen Atmung mit verminderter Frequenz und erhöhtem Atemzugvolumen
- Üben einer den unterschiedlichen Geburts- und Wehenphasen angepassten Atmung in Kombination mit verschiedenen Gebärpositionen.

Gerade der letzte Punkt wird in Geburtsvorbereitungskursen sehr unterschiedlich gehandhabt. Welche Atemschemata mit den Frauen geübt werden, hängt letztendlich von der bevorzugten Methode der Kursleiterin ab sowie von der Zusammenarbeit mit dem Team im Kreißsaal. Dennoch existieren gewisse Richtlinien bezüglich der Atmung während der einzelnen Geburtsphasen.

So wird für die Wehen der Eröffnungsphase im allgemeinen eine kontinuierliche, tiefe und langsame Atmung empfohlen, die zum Wehenhöhepunkt hin etwas flacher und schneller werden kann. Das Einatmen erfolgt durch die Nase, das Ausatmen durch den Mund. In dieser Phase sind die Wehen meist noch nicht sehr stark, und die Atmung dient mehr der Ent-

1 Ziele der Schwangerschaftsgymnastik und Geburtsvorbereitung

spannung und Sauerstoffversorgung für Mutter und Kind als der Schmerzlinderung. Angestrebt wird eine schnellstmögliche, komplikationsfreie und schmerzarme Eröffnungsperiode.

In der Übergangsphase sind die Wehen oft sehr intensiv und unregelmäßig. Häufig besteht bereits Pressdrang, dem aber aufgrund des noch nicht vollständig eröffneten Muttermundes nicht nachgegeben werden darf. Eine rasche und oberflächliche Atmung (meist durch den Mund) soll den Druck des Zwerchfells auf die Gebärmutter sowie den Schmerz mindern. Bei frühzeitigem Pressdrang rät die Hebamme oft zur Hechelatmung. Diesen Begriff lehnen jedoch viele GeburtsvorbereiterInnen ab, mit der Begründung, dass es dabei leicht zur Hyperventilation kommt. Sie bevorzugen Begriffe wie Zwerchfellschwingen oder Schmetterlingsatmung und legen dabei besonderen Wert auf das Ausatmen anstelle des Einatmens. Wichtig ist, dass die Atmung eine Struktur erhält. Dies kann durch Vorgabe eines bestimmten Sprachmusters (z. B. ha-ha-ha) oder eines bestimmten Bildes (z. B. eine bestimmte Zahl von Kerzen zum Flackern bringen, f-f-f) erfolgen. Um dem Pressdrang zu widerstehen, kann aber auch ein langes stimmvolles Ausatmen bei geöffnetem Mund helfen. Dadurch bleibt der Beckenboden entspannt.

Während der Austreibungsphase dient die Atmung als Unterstützung der Presswehen. Wie sie am sinnvollsten eingesetzt werden sollte, dazu gibt es jedoch einige Unstimmigkeiten unter den GeburtsvorbereiterInnen. Manche propagieren, die Luft so lange wie möglich anzuhalten und mitzupressen, andere raten den Frauen, nur so lange zu pressen, wie sie den Drang dazu verspüren, und wieder andere lehnen den Ausdruck Pressen gänzlich ab. Sie reden von einem Herausschieben des Kindes und befürworten dabei eine langsame Ausatmung oder eine schnelle oberflächliche Atmung. Eine Begründung hierfür liefert der Kraftsport (z. B. Gewichtheben). Tatsächlich steht mehr Kraft zur Verfügung, wenn man bei Anstrengung ausatmet, anstelle die Luft anzuhalten, da dann häufig in den Kopf gepresst wird.[12]

---

12 vgl. zum Thema Atmung: J. M. Carrera. 1989. S. 67–77 und G. M. Wilberg: Ganz bei mir. S. 140–175

1.6 BEWÄLTIGUNG VON ÄNGSTEN WERDENDER MÜTTER

Durch Schwangerschaft und Geburt ist die Frau einer großen Anzahl physischer, psychischer und sozialer Prozesse ausgesetzt. Die körperlichen Veränderungen im Verlauf der Schwangerschaft, die bevorstehende Geburt, die veränderte Familiensituation, die künftige Verantwortung als Mutter, die Umstellung des Lebensstils usw., dies alles sind Themen, die die werdende Mutter beschäftigen. Oftmals sind sie Anlass für die Entstehung von Ängsten und Befürchtungen. Diese Ängste können begründet sein (Angst vor finanzieller Einschränkung) oder eher unbegründet (Angst vor einer Missbildung des Kindes bei komplikationslosem Schwangerschaftsverlauf und fehlender familiärer Belastung), konkret (Angst vor dem Geburtsschmerz) oder diffus (Angst vor Überforderung).

Unwissenheit, alte Vorurteile bezüglich qualvoller Geburtsschmerzen oder bestimmter Entbindungsverfahren (Zangengeburt, Kaiserschnitt), gewisse Persönlichkeitsstrukturmerkmale (eine eher misstrauische, ängstliche und wenig selbstbewusste Primärpersönlichkeit) und verschiedene tief wurzelnde Ängste, wie die Angst zu versagen, die Angst vor Behinderung und Tod, sowohl des Kindes als auch der eigenen Person, verstärken die psychische Belastung der Schwangeren im Hinblick auf die bevorstehende Geburt und erzeugen ein Gefühl der Hilflosigkeit. Angst, Wut, Ärger, Neid, Verzweiflung, Sorge, Misstrauen, dies alles sind negative Gefühle, die während der Schwangerschaft überhand nehmen und den Geburtsvorgang wesentlich beeinflussen können. Oftmals sind diese seelischen Vorgänge der Schwangeren gar nicht bewusst. Sie bestimmen aber ihre innere Einstellung und Haltung zur Schwangerschaft und Geburt ganz wesentlich. Das von Read beschriebene Angst-Spannungs-Schmerz-Modell (s. 1.1) besagt ja, dass gerade die affektive Verstimmung Auslöser für diesen Teufelskreis ist. K. H. Lukas hat dieses einfache Schema etwas differenzierter graphisch dargestellt (s. Abb. 2)[13].

Der Geburtsvorbereitung wird nun auf diesem Gebiet eine wichtige Aufgabe zuteil. Die Angst resultiert oft aus der Unwissenheit, z. B. über die Vorgänge im Kreissaal oder über mögliche soziale Hilfen, aus der falschen oder unzureichenden Aufklärung über die Abläufe im Körper

---

13 K. H. Lukas 1976. S. 24

1 Ziele der Schwangerschaftsgymnastik und Geburtsvorbereitung

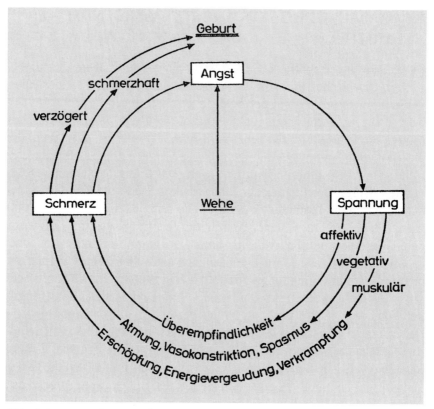

Abb. 2: *Vorgänge der Schmerzentstehung nach K. H. Lukas*

während der Schwangerschaft und der Geburt sowie der Unsicherheit im Umgang mit sich selbst, dem Partner und später dem Kind. Hier liegen zahlreiche Ansatzpunkte, wo durch gezielte Information und Aufklärung eine psychische Stabilität und eine positive Einstellung der Schwangeren zur Geburt und zu ihrem Kind erreicht werden kann. Auch der Austausch mit anderen Schwangeren, v. a. mit Zweit- und Drittgebärenden ist hierbei förderlich.

Zur Bewältigung *schwangerschaftsinduzierter* Ängste und somit letztendlich zur Förderung einer schmerzarmen Geburt tragen aber nicht nur Information und Aufklärung bei, sondern ebenso alle anderen Bereiche der Geburtsvorbereitung; die Gymnastik durch Kräftigung der Muskulatur und körperliches Wohlbefinden, die Förderung von Körperwahrneh-

1.6 Bewältigung von Ängsten werdender Mütter

mung und Entspannung durch gestärktes Empfinden für die körpereigenen Bedürfnisse und die Möglichkeit, bewusst darauf einzugehen, und nicht zuletzt das Erlernen verschiedener Atemmuster durch die aktive Mitarbeit am Verlauf der Wehen und der Geburt des Kindes.

2

Möglichkeiten und Grenzen des Orientalischen Tanzes in Bezug auf die Geburtsvorbereitung

Die Vorteile, die der Orientalische Tanz auf dem Gebiet der Schwangerschaftsgymnastik und Geburtsvorbereitung bietet, liegen im Training der durch die Schwangerschaft strapazierten Muskelgruppen sowie in der Förderung eines intensiven Körperbewusstseins. Während der Schwangerschaft ist ein geschultes Körperempfinden, insbesondere hinsichtlich des Körperschwerpunktes, sehr wichtig, da sich dieser durch das zunehmende Wachstum des Kindes kontinuierlich verlagert. Zudem beinhaltet eine veränderte Körperwahrnehmung wichtige psychologische Aspekte. Eine Frau, die gelernt hat, in sich hineinzufühlen und auf die Signale ihres Körpers zu achten, die sich ihrer physischen und psychischen Leistungsfähigkeit bewusst ist, könnte während der Geburt sich und ihrem Körper ein größeres Vertrauen entgegenbringen. Dies allein mag schon genügen, um Verkrampfungen, die wie oben beschrieben (s. 1.6) meist aus Angst und Unsicherheit resultieren, entgegenzuwirken und ein Gefühl des Ausgeliefertseins nicht aufkommen zu lassen.

Bei der Gestaltung des Tanzes ist jedoch Vorsicht geboten. Der Orientalische Tanz hat eine lange Entwicklungsgeschichte hinter sich. So wie er

2 Möglichkeiten und Grenzen des Orientalischen Tanzes

in verschiedenen Ländern heute getanzt und unterrichtet wird, entspricht er oftmals – wenn überhaupt – nur in Ansätzen den alten Fruchtbarkeits- und Geburtstänzen, aus denen er sich entwickelte.

Mit den Kulturen wandelte sich auch der Tanz. Die Wurzeln des Orientalischen Tanzes blieben jedoch über die Jahrtausende hinweg dieselben, d. h. stets waren Hüft- und Beckenbewegungen die zentralen Elemente des Tanzes. Die Anleihen aus anderen Tanzformen bereicherten den Tanz zwar in seiner Vielfalt und Anmut, durch gewisse Körperakrobatik erhielt er auch die nötige Bühnenreife für ein anspruchsvolles und an Abwechslung gewöhntes westliches Publikum – für die schwangere Frau aber sind manche dieser neuerworbenen Tanzbewegungen eher von Nachteil als von Vorteil. So kann auch eine Tanzfigur, die vor der Schwangerschaft gern getanzt und als angenehm empfunden wurde, in der Schwangerschaft Beschwerden hervorrufen. Zudem sind nicht alle uns bekannten Orientalischen Tanzbewegungen der weiblichen Anatomie entgegenkommend und gesundheitsfördernd. Manche sind z. T. sehr belastend für Wirbelsäule, Bänder und Gelenke: z. B. extremes Kopfgleiten, wobei der Kopf bei ruhig gehaltenem Oberkörper durch Anspannung der Nackenmuskulatur auf gerader Linie nach rechts und links verschoben wird, oder die Sultansbrücke, auch Back Bend genannt, das Zurückbeugen des Oberkörpers aus kniender Position (Knie ca. schulterweit auseinander) bis der Kopf oder die Schultern den Boden berühren. Auf die sorgfältige Auswahl geeigneter Tanzfiguren ist bei der Arbeit mit Schwangeren unbedingt zu achten.

2.1 BEWEGUNGSANALYSEN UND AUSWIRKUNGEN TYPISCHER FIGUREN DES ORIENTALISCHEN TANZES

Nur sehr wenige Tänze bieten soviel Freiraum für eigene Ideen und Improvisation wie der Orientalische Tanz. Allgemein verbindliche Reglements für die Ausführung der verschiedenen Tanzbewegungen und eine Nomenklatur existieren nicht. Sicherlich gibt es einige elementare und charakteristische Bewegungsformen, deren Namen sich weitgehend fest etabliert haben, wie z. B. Shimmy, Bauchrolle oder Hüftdrop. Allerdings gibt es auch hier bereits Unklarheiten. So können Begriffe wie Basic Hip, Hüftschwung oder Hüftpendel – aus dem Mund verschiedener Lehrerinnen – durchaus dieselbe Bewegung bedeuten. Andererseits können kleinste Veränderun-

2.1 Bewegungsanalysen und Auswirkungen typischer Figuren

gen im Bewegungsablauf oder nur eine abgewandelte Körperhaltung eine Figur völlig anders erscheinen lassen und eventuell für Bänder und Gelenke belastend sein. Hierin liegt eine potentielle Gefahr bei unqualifiziertem Unterricht.

Jegliche Versuche einer Standardisierung, ähnlich dem Ballett oder anderer klassischer Tänze, scheiterten bisher – nicht zuletzt an der Vielfalt der Stilrichtungen, die von einzelnen Bauchtänzerinnen vertreten und gelehrt werden. So sehr dies der persönlichen Entfaltung der Tänzerin und der Möglichkeit, die eigene Auffassung von Weiblichkeit in den Tanz einzubringen, entgegenkommt – so groß sind die Probleme, will man sich in quasi wissenschaftlicher Weise über das Thema Orientalischer Tanz äußern. Um keine Unklarheiten aufkommen zu lassen, werden alle in dieser Arbeit genannten Bewegungsformen kurz erläutert, die beteiligten Muskel(gruppen) erwähnt und mögliche Auswirkungen einzelner Bewegungen angesprochen.

2.1.1 Grundhaltung

Vor der Analyse positiver Bewegungen für Schwangerschaft und Geburt ist es wichtig, genauer auf die Haltung und Grundstellung einer Bauchtänzerin einzugehen: Die Füße stehen parallel etwa hüftbreit auseinander, das Körpergewicht ruht auf den Fersen, die Knie sind leicht gebeugt, das Becken etwas aufgerichtet (dadurch Abflachung der Lendenlordose), der Brustkorb ist angehoben, die Schultern hängen locker herab, der Kopf ist geringgradig angehoben und der Blick geradeaus, erwartungsvoll und offen. Eine Bauchtänzerin tanzt den Ursprüngen entsprechend erdverbunden – nicht leichtfüßig und den Gesetzen der Schwerkraft zum Trotz, wie es beim Ballett der Fall ist. Ihre Körperhaltung soll Selbstbewusstsein und Stolz ausstrahlen. Dies ist die Ausgangsposition für alle bereits erwähnten und weiteren Bauchtanzbewegungen (s. Abb. 3 und 4).

Für die Schwangere bietet allein diese veränderte Körperhaltung zahlreiche positive Effekte. Aufgrund der Verlagerung des Körperschwer- und Körpermittelpunktes während der Schwangerschaft nach vorne, kommt es durch das kompensatorische Zurücklehnen von Oberkörper und Kopf zu einer erhöhten Belastung der Lendenwirbelsäule (Verstärkung der Lordose). Dies führt häufig zu Schmerzen im Hals- und Lendenwirbelsäulenbereich. Die Bauchdecken werden zunehmend passiv gedehnt.

2 Möglichkeiten und Grenzen des Orientalischen Tanzes

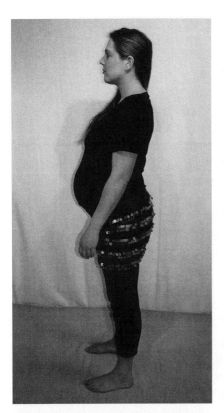 

Abb. 3: *Schwangere in normaler Körperhaltung mit ausgeprägter Lendenlordose, die Bauchdecken sind passiv gedehnt, das Körpergewicht ruht auf den Fußspitzen*

Abb. 4: *Schwangere in typischer Grundhaltung beim Orientalischen Tanz mit verminderter Lendenlordose, der Körperschwerpunkt ist in Richtung Fersen rückverlagert, die Bauchmuskulatur ist aktiv gespannt*

Durch die oben beschriebene Haltung für den Orientalischen Tanz wird ein Teil der aufzubringenden Haltearbeit von der Rücken- auf die Bauchmuskulatur und die beiden Musculi (= Mm.) glutaei maximi übertragen. Die Bauchdecken sind weniger passiv gedehnt und belastet. Der Körperschwerpunkt und somit ein Großteil des Gewichts ruht nicht mehr vor sondern über dem Becken. Da Glutaeal-, Bauch- und Beckenbodenmuskulatur kooperieren, kommt es zu einer gewissen Grundspannung und Straffung des Beckenbodens, wodurch Senkungs- und Inkontinenzproblemen

2.1 Bewegungsanalysen und Auswirkungen typischer Figuren

vorgebeugt wird. Die Beinstellung mit leicht gebeugten Knien bewirkt eine Beanspruchung der Oberschenkelmuskulatur, v. a. des Musculus (= M.) quadriceps femoris. Eine Stärkung dieser Muskeln ist für die Schwangere angesichts der steten Zunahme des Körpergewichts sehr hilfreich und besonders dann erforderlich, falls sie zu ›alternativen‹ und somit hauptsächlich vertikalen Gebärpositionen tendiert. Durch den aufrechten Oberkörper und die bewusste Streckung im Bereich der oberen Brust- und Halswirbelsäule kann sich die Lunge frei entfalten. Dies garantiert eine optimale Sauerstoffversorgung für Mutter und Kind.

Da es sich um eine aktive Haltung handelt, bei der durch Muskelarbeit Bänder und Gelenke entlastet werden sollen, kann es selbstverständlich – und v. a. bei untrainierter Muskulatur – zu Ermüdungserscheinungen kommen. Dann ist es ratsam, eine sitzende oder liegende Position einzunehmen, und nicht in die gewohnte, den passiven Bewegungsapparat belastende Haltung zurückzufallen.

2.1.2 Hüftshimmy

Der Shimmy, eine besonders typische Bauchtanzbewegung, wird häufig als Zittern, Schütteln, Beben oder Vibrieren der Hüften beschrieben und in einigen Variationen ausgeführt. Die Grundbewegungen sind ein Twisten der Hüften, ein Wippen nach rechts und links oder ein Kippen des Beckens nach vorne und hinten. Sie werden beim Üben langsam im Tempo gesteigert und im Bewegungsumfang verkleinert – bis zu dem Punkt, an dem die Bewegung quasi automatisch abläuft. Es kommt zur Entwicklung eines motorisch dynamischen Stereotyps.

Es handelt sich um eine isolierte Bewegung der Hüfte, der Oberkörper befindet sich in einer gewissen Grundspannung, die unbeteiligten Muskeln unterhalb der Taille – z. B. ein Teil der Gesäßmuskeln beim üblichen Rechts-Linksshimmy – bleiben locker. Die Schwierigkeit beim Erlernen dieser Bewegung besteht darin, sich nicht zu verkrampfen, v. a. nicht im Oberkörper, der ja den stabilen Part beim Hüftshimmy darstellt.

Deshalb ist es ratsam, mit bauchtanzunerfahrenen Schwangeren Shimmies nur langsam und sanft zu üben. Wenn die Kontrolle über die gewollte Bewegung verloren geht, und die Schwangere beginnt, Oberkörper oder Gesäß zu verkrampfen, sollte die Übung abgebrochen und eventuell von neuem begonnen werden.

2 Möglichkeiten und Grenzen des Orientalischen Tanzes

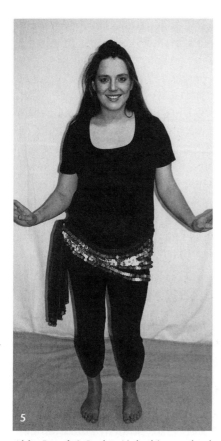 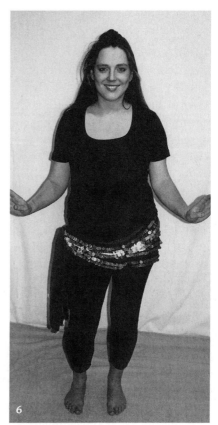

Abb. 5 und 6: Rechts-Linksshimmy durch schnelles Wippen des Beckens nach rechts (Abb. 5) und links (Abb. 6) in der Vertikalebene

Beim gewöhnlichen Rechts-Linksshimmy, dem eine seitliche Wippbewegung des Beckens in der Vertikalebene zugrunde liegt, werden in erster Linie die Hüftadduktoren, aber auch die Hüftabduktoren, die unteren Partien der Rückenmuskulatur (Geradsystem des medialen Trakts der autochthonen Muskulatur – auch M. erector spinae genannt) und in geringem Maße die schrägen Bauchmuskeln samt M. quadratus lumborum beansprucht. Das Gewicht bleibt auf beide Füße gleichmäßig verteilt. Der Höhenunterschied der Hüften durch den Schiefstand des Beckens erfordert eine vermehrte bzw. verminderte Beugung der Kniegelenke im Vergleich zur Grundhaltung.

2.1 Bewegungsanalysen und Auswirkungen typischer Figuren

Abb. 7 und 8: Twisten der Hüften in der Horizontalebene. Abb. 7 (rechte Hüfte vorn und linke Hüfte hinten) und Abb. 8 (linke Hüfte vorne und rechte Hüfte hinten) zeigen Bewegungsmaxima. Der Twistshimmy entsteht durch Verkleinern des Bewegungsumfanges bei gleichzeitiger Temposteigerung. Aufgrund der weit fortgeschrittenen Schwangerschaft (33. Schwangerschaftswoche) mit starker Dehnung der Bauchdecke ist eine isolierte Twistbewegung der Hüften mit konsekutiver weiterer Dehnung nicht mehr möglich. Aus diesem Grund findet eine leichte Mitbewegung des Oberkörpers statt.

Der Twistshimmy ist eine Bewegung in der Horizontalebene und erfordert den kombinierten Einsatz der schrägen Bauchmuskeln, des M. obliquus externus abdominis und des M. obliquus internus abdominis, sowie der Muskeln des Schrägsystems des medialen Trakts der autochthonen Rückenmuskulatur, v. a. des M. multifidus.

Abb. 9 und 10: Beckenaufrichtung (Abb. 9) mit Kyphosierung (im Orientalischen Tanz auch als Beckenkippung nach vorne bezeichnet im Widerspruch zum anatomischen Fachwortschatz) und Beckenkippung (Abb. 10) mit Lordosierung der LWS; der Beckenkippshimmy entsteht durch Verkleinern des Bewegungsumfanges bei gleichzeitiger Temposteigerung.

Der Beckenkippshimmy in sagittaler Richtung entsteht durch ein Wechselspiel zwischen Hüftgelenksstreckern, v. a. M. glutaeus maximus, Hüftgelenksbeugern, besonders M. iliopsoas, dem M. rectus abdominis und der autochthonen Rückenmuskulatur im lumbalen Abschnitt. Durch die Bewegung des unteren Beckens nach vorne mit Entlordosierung der LWS erfolgt zudem eine Anspannung und Straffung des Beckenbodens.

Richtig ausgeführt, kann durch einen ruhigen Shimmy eine wohltuende Lockerung der Iliosacral- und Hüftgelenke, sowie der Vertebralgelenke im Bereich der LWS erreicht werden. Das Becken schwingt locker am unteren Ende der Wirbelsäule hin und her. Ähnlich wie bei anderen Bauchtanzbewegungen kommt es durch die verstärkte Muskelarbeit zu einer Durchblutungssteigerung im Beckenbereich und einer Tonusregulierung der betroffenen Hüft- und Rückenmuskulatur.

Auch während der Geburt kann ein kurzer Shimmy – sofern es der Frau in der eingenommenen Gebärposition möglich ist – ab und zu hilfreich sein.

Wendy Buonaventura beschreibt die Reaktion einer Freundin, der sie kurz nach der Geburt deren ersten Kindes einige Bauchtanzbewegungen vorführte, folgendermaßen: »[...] und als ich ihr diesen Hüftshimmy vorführte, lachte sie und sagte, das sei genau die Bewegung, die sie gerne gemacht hätte, als der Kopf ihres Babys auf die Wirbelsäule nach unten drückte, um herauszukommen. Instinktiv hätte sie ihre untere Rückenpartie schütteln wollen, um den Schmerz zu lindern.«[14]

2.1.3 Hüftbewegungen

Hüftbewegungen, zu denen natürlich auch der Shimmy gehört, stellen wohl den umfangreichsten Teil bei der Beschreibung charakteristischer Tanzfiguren dar. Der Schwerpunkt dieses Kapitels liegt auf der Erklärung der einzelnen Bewegungsebenen und einigen Beispielen dazu. Darüber hinaus gibt es eine sehr große Variationsvielfalt bei der Kombination der elementaren Hüftbewegungen miteinander zu neuen Tanzfiguren.

Da die Kugelgelenke unserer Hüften Bewegungen in alle Richtungen des Raumes zulassen und unser Becken am unteren Ende der Wirbelsäule fast frei beweglich ist, können wir alle Ebenen, die uns der Raum bietet, nutzen. Wir können das Becken in der Vertikalebene wippen (s. Abb. 5 und 6), in der Sagittalebene kippen (s. Abb. 9 und 10) oder in der Horizontalebene verschieben (s. Abb. 11 und 13) und drehen (s. Abb. 7 und 8). Vor allem die beiden letzten Bewegungen erfordern größtenteils die Einbeziehung der Lendenwirbelsäule. Es sind zudem viele einseitig betonte Bewegungen möglich, wie Hüftkicks und -drops, sagittale Hüftkreise oder einseitig akzentuierte Hüftshimmies.

---

14   Wendy Buonaventura: Bauchtanz. Die Schlange und die Sphinx. 1993. S. 160

2 Möglichkeiten und Grenzen des Orientalischen Tanzes

Wichtig bei den Hüftbewegungen ist – wie bei allen anderen Bauchtanzfiguren auch – die Isolation, d. h., der Oberkörper wird fixiert und verhält sich so ruhig als möglich. Dadurch wird nicht nur eine gewisse Körperbeherrschung demonstriert, sondern auch erreicht, dass die Bewegung nicht zu ausladend wird und die Kraft vorwiegend aus den Beinen und der Hüfte kommt.

Viele typische Hüftbewegungen werden in der heutigen Geburtsvorbereitung bereits angewandt – dies sind z. B. der Hüftkreis, Beckenkreisen, das Hüftwippen oder -kippen. Das spricht für die wohltuende Wirkung dieser Bewegungen, die – unabhängig von Tradition und Überlieferung – von Frauen auf der ganzen Welt immer wieder neu entdeckt werden. Vielleicht ist dies ein Erklärungsansatz für die große Beliebtheit, die der Orientalische Tanz in den letzten Jahren erlangt hat.

Beim *Hüft*kreisen kreist die Hüfte in einer horizontalen Ebene. Das Becken sollte nicht gekippt werden, das bedeutet keine Hyperlordose der LWS beim Zurückschieben der Hüfte. Das Kreisen wird durch ein Verschieben der Hüfte mit gleichzeitiger Gewichtsverlagerung auf einer imaginären horizontalen Kreisbahn erreicht. Wird die Hüfte nach vorne geschoben, verlagert sich das Körpergewicht auf die Fußspitzen; befindet sie sich hinten, ruht das Körpergewicht auf den Fersen. Das Gleiche gilt für das seitliche Verschieben der Hüften. Das Körpergewicht wird entsprechend der Hüftverlagerung vom rechten oder linken Fuß getragen. Die vier Hauptrichtungen – vorne, links, hinten, rechts – werden dann zu einer Kreisbahn verbunden (s. Abb. 11 bis 14). Beim Hüftkreisen ist die Regel der Isolationsbewegung gelockert (v. a. bei sehr großen Kreisen) und ein Gegensteuern des Oberkörpers aus Gründen der Balance erlaubt. Dies gilt besonders für die Hochschwangere, wegen des nach vorne verlagerten Körperschwerpunktes und des großen Bauchumfanges. Mit völlig fixier-

Abb. 11 bis 14: Hüftkreisen. Dieses entsteht durch die Verbindung der vier Hauptbewegungen auf einer imaginären horizontalen Kreisbahn. Der Hüftkreis nach rechts bzw. im Uhrzeigersinn beginnt mit dem horizontalen Verschieben des Beckens nach rechts durch Gewichtsverlagerung auf das rechte Bein (Standbein) (Abb. 11), gefolgt von einem Rückschieben des Beckens mit Gewichtsverlagerung auf die Fersen (Abb. 12), dem horizontalen Verschieben des Beckens nach links durch Gewichtsverlagerung auf das linke Bein (Standbein) (Abb. 13) und schließlich dem Vorschieben des Beckens mit Gewichtsverlagerung auf die Fußspitzen (Abb.14).

11

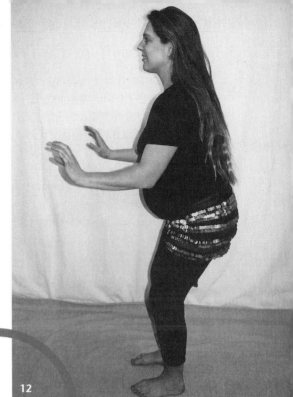
12

14

13

2 Möglichkeiten und Grenzen des Orientalischen Tanzes

tem Oberkörper würde der Bauch beim Zurückschieben der Hüfte zwischen Becken und Brustkorb eingeengt werden, beim Vorschieben der Hüfte überdehnt. Bei der Kraftaufwendung beteiligt sind Bauch- und Rückenmuskulatur, Hüftstrecker und -beuger, Hüftabduktoren und -adduktoren. Es kommt zu einem wechselseitigen Dehnen und Anspannen der betroffenen Muskeln.

Das *Becken*kreisen hingegen wird immer mit fixiertem Oberkörper ausgeführt. Das Becken wird dabei in alle Richtungen des Raumes gekippt bzw. gewippt, so dass eine Kreisbewegung entsteht. Hüftstrecker und -beuger, Hüftabduktoren und -adduktoren, Bauch-, Rücken-, und Beckenbodenmuskulatur werden dabei wechselweise angespannt und entspannt. Während der Geburt kann diese Bewegung die Einstellung des Kopfes in den Beckeneingang begünstigen. Ähnlich wie beim Hüftkreis gibt es vier Hauptbewegungsrichtungen: Beckenaufrichtung durch Kyphosierung der Lendenwirbelsäule, Wippen nach links, Beckenkippung durch Verstärkung der Lendenlordose, Wippen nach rechts. Diese werden zu einem Beckenkreis verbunden. Das Gewicht ruht während der gesamten Kreisbewegung gleich verteilt auf beiden Füßen (Fersen) und wird nicht verlagert. Bildlich lässt sich der Bewegungsablauf folgendermaßen beschreiben: Man lässt eine Kugel in einer Schüssel kreisen (s. Abb. 15 bis 18).

Weitere charakteristische Bauchtanzelemente sind der Hüftkick (s. Abb. 19 bis 22) und der Hüftdrop (s. Abb. 23 und 24). Beide sind vertikale Bewegungen, werden aber häufig mit horizontalen Hüftdrehungen kombiniert und somit diagonal nach vorne oder nach hinten ausgeführt. Es agiert jeweils die Hüfte des Spielbeins, das hüftbreit neben dem Standbein auf Zehenspitzen gehalten wird. Die Kniegelenke sind – wie bei allen anderen Bewegungen auch – leicht gebeugt und regeln den Höhenunterschied zwischen rechter und linker Hüfte. Während beim Hüftkick die Hüfte mit Schwung nach oben geworfen wird, wird sie beim Hüftdrop ruhig gehoben und durch ihr Eigengewicht wieder fallen gelassen, d. h. beim Kick liegt die Betonung auf der Bewegung nach oben, beim Drop auf

Abb. 15 bis 18: Beckenkreisen. Der Beckenkreis nach rechts bzw. im Uhrzeigersinn beginnt mit einem Wippen des Beckens nach rechts (Abb. 15), gefolgt von einer Beckenkippung (Abb. 16) durch verstärkte Lordosierung der LWS, einem Wippen des Beckens nach links (Abb. 17) und schließlich einer Beckenaufrichtung (Abb. 18) durch Kyphosierung der LWS.

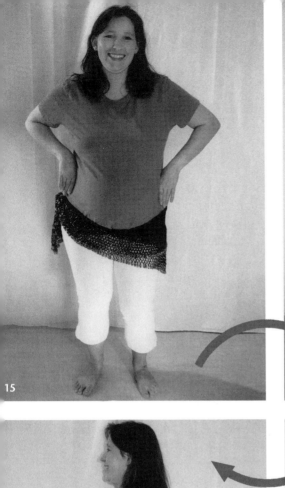

15

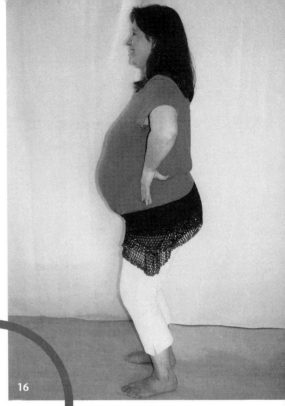

16

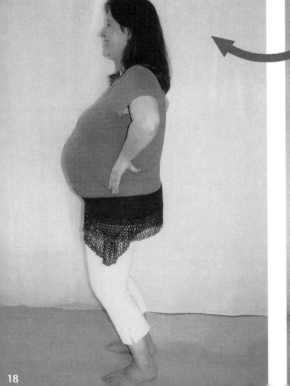

18

17

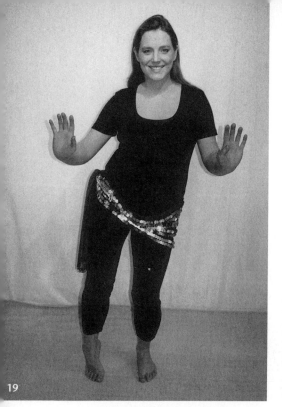 

Abb. 19 und 20: Hüftkick zur rechten Seite. Die rechte Hüfte wird schwungvoll angehoben (Abb. 19) und langsam wieder abgesenkt (Abb. 20). Der Höhenunterschied bewirkt eine verstärkte oder verminderte Beugung im Kniegelenk. Der Fuß des rechten Beins (Spielbein) bleibt auf Zehenspitzen.

Abb. 21 und 22: Hüftkick nach vorne rechts. Der rechte Fuß steht auf Zehenspitzen eine Fußlänge vor dem linken. Neben dem schwungvollen Anheben der Hüfte erfolgt gleichzeitig eine leichte Innenrotation des rechten Hüftgelenks (Abb. 21). Dann wird die Hüfte wieder langsam zurück in die Ausgangsposition geführt (Abb. 22).

Abb. 23 und 24: Hüftdrop links. Die linke Hüfte (Spielbeinseite, Fuß auf Zehenspitzen) wird, durch ihr Eigengewicht beschleunigt, fallengelassen (Abb. 23) und langsam wieder gehoben (Abb. 24). Das linke Kniegelenk wird entsprechend der Bewegung stärker oder schwächer gebeugt.

1

22

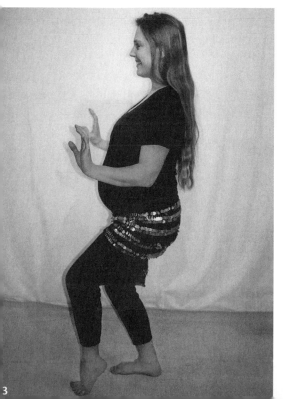

3

24

2 Möglichkeiten und Grenzen des Orientalischen Tanzes

der Bewegung nach unten. Durch die Kombination mit Horizontalbewegungen werden nicht nur verschiedene Hüftmuskeln, v. a. die Mm. glutaei medius et minimus der Standbeinseite, die Adduktoren der Spielbeinseite sowie die Innen- und Außenrotatoren der Hüftgelenke beansprucht, sondern auch die schrägen Bauchmuskeln, die transversospinale Rückenmuskulatur, der M. quadriceps femoris, die ischiokruralen Muskeln und die Wadenmuskulatur.

Eine weitere vertikale Hüftbewegung ist die Hüftschaukel, ein wechselweises sanftes Heben der Hüften. Der Fuß der angehobenen Hüfte wird auf Zehenspitzen gestellt und die Hüfthebung dadurch verstärkt. Das Körpergewicht ruht vorwiegend auf dem gegenüberliegenden Standbein. Beim Absenken der Hüfte wird auch der Fuß zur Ferse hin abgerollt. Das Körpergewicht verteilt sich wieder auf beide Fersen – wie bei der Grundstellung. Nun erfolgt die gleiche Bewegung mit der anderen Hüfte. Die schwangere Frau kann durch diese Bewegung ihr Becken als eine Art Wiege für das Kind einsetzen (s. Abb. 25 bis 27).

Die Hüftacht ist eine sehr weiche, fließende Bewegung, die entweder in der horizontalen Ebene als liegende Acht oder in der vertikalen Ebene als stehende Acht ausgeführt wird. Bei der liegenden Acht (s. Abb. 28 und 29) wird das Becken mitsamt der unteren Lendenwirbelsäule zuerst gedreht. Dies erfolgt durch eine Rotationsbewegung in der LWS. Dann wird die rotierte Hüfte lateral verschoben. Es kommt zu einer Translationsbewegung der LWS, sowie zur Ab- und Adduktion in den Hüftgelenken. Die Verlagerung des Körperschwerpunktes erfolgt auf das Bein in Verschieberichtung (Standbein). Die gedrehte und verschobene Hüfte führt nun eine entgegengesetzte Rotations- und Translationsbewegung durch mit Verlagerung des Körpergewichtes auf das andere Bein (neues Standbein). Bei der stehenden Acht (s. Abb. 30 und 31) wird das Becken wechselweise seitlich gewippt und die Hüfte ebenfalls lateral verschoben. Durch zusätzliches Aufstellen des Fußes auf die Fußspitze bzw. Absenken kann die Wippbewegung der seitlich verschobenen Hüfte verstärkt werden.

Folgende Muskelgruppen werden beansprucht: die schrägen Bauchmuskeln Mm. obliqui externus et internus abdominis, der M. quadratus lumborum, die autochthone Rückenmuskulatur, die Hüftadduktoren und -abduktoren sowie die dorsale Wadenmuskulatur, v. a. der M. triceps surae. Durch mehrfaches Wiederholen der beschriebenen Bewegungsabläufe malt die Hüfte ein Unendlichzeichen bzw. eine Acht in die Luft. Sowohl

Abb. 25 bis 27: *Hüftschaukel. Die rechte Hüfte wird gehoben und der rechte Fuß auf die Fußspitze gestellt (Abb. 25), dann werden Hüfte und Ferse wieder gesenkt bis die Grundstellung erreicht ist (Abb. 26). Die gleiche Bewegung wird nun linksseitig ausgeführt (Abb. 27).*

bei der liegenden als auch bei der stehenden Acht sind je nach Bewegungsablauf zwei Richtungen möglich. Die liegende Acht kann entweder mit der Hüftdrehung von vorn nach hinten (Abb. 32 bis 35) oder von hinten nach vorn ausgeführt werden, die stehende Acht mit dem Hüftwippen von unten nach oben oder von oben nach unten.

Ferner lassen sich noch das Hüftschwingen, ein kraftvolles ›Zur-Seite-Werfen‹ der Hüfte, das Hüftverschieben oder das Twisten der Hüften anführen. Der Bewegungsablauf beim Hüftschwingen ist durch eine schwungvolle Gewichtsverlagerung auf das rechte oder linke Bein mit gleichzeitiger maximaler Adduktion im Hüftgelenk und leichter Seitflexion der LWS charakterisiert. Das Bein, zu dessen Seite der Hüftschwung erfolgt, wird zum Standbein, das gegenüberliegende zum Spielbein (s. Abb. 36). Beim Hüftverschieben hingegen wird die Hüfte wie beim Hüftkreis durch Gewichtsverlagerung auf einer *horizontalen* Ebene seitlich bewegt. Der

2 Möglichkeiten und Grenzen des Orientalischen Tanzes

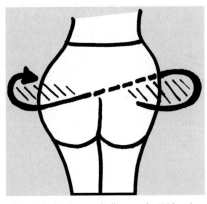

Abb. 28: horizontale/liegende Hüftacht von hinten nach vorne ausgeführt

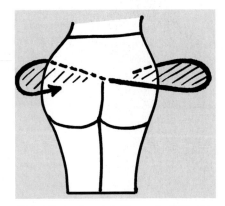

Abb. 29: horizontale/liegende Hüftacht von vorne nach hinten ausgeführt

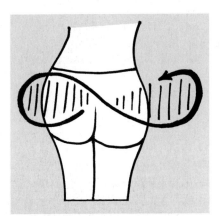

Abb. 30: vertikale/stehende Hüftacht von unten nach oben ausgeführt

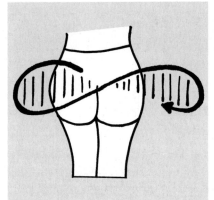

Abb. 31: vertikale/stehende Hüftacht von oben nach unten ausgeführt

Abb. 32 bis 35: Liegende Hüftacht von vorne nach hinten. Die rechte Hüfte wird nach vorne gedreht und seitlich nach rechts verschoben (Abb. 32). Das Körpergewicht verlagert sich dabei auf den rechten Fuß. Anschließend wird sie nach hinten gedreht (Abb. 33), so dass die linke Hüfte nach vorne zeigt. Diese wird schräg nach vorne durch das imaginäre Zentrum der Acht zur linken Seite verschoben (Abb. 34). Das Körpergewicht verlagert sich auf den linken Fuß. Nun wird die linke Hüfte nach hinten gedreht (Abb. 35). Die rechte Hüfte zeigt dadurch nach vorne und kann wiederum die Führung übernehmen.

32

33

34

35

Abb. 36: Hüftschwung zur rechten Seite

Abb. 37: Hüftverschieben zur linken Seite (s. a. Abb. 13)

Oberkörper bleibt zentriert, das bedeutet, dass jeweils die Seite, nach der das Becken verschoben wird, gedehnt wird. Es findet eine Translationsbewegung der LWS und eine leichte Adduktion im Hüftgelenk der Standbeinseite bzw Abduktion im Hüftgelenk der Spielbeinseite statt (s. Abb. 37).

Das Hüfttwisten ist eine horizontale Hüftbewegung und entsteht durch Rotation der Lenden- und oberen Brustwirbelsäule (s. Abb. 38 und 39). Die beanspruchten Muskelgruppen sind die schrägen Bauchmuskeln (Mm. obliqui externus et internus) und die Muskeln des Schrägsystems des

2.1 Bewegungsanalysen und Auswirkungen typischer Figuren

 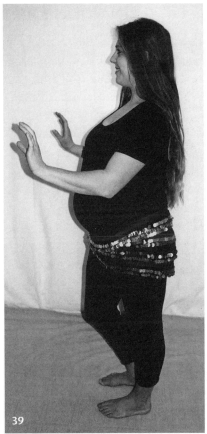

Abb. 38 und 39: Twisten der Hüften in Seitansicht (s. a. Abb. 7 und 8, die das Hüfttwisten in Frontalansicht zeigen)

medialen Trakts der autochthonen Rückenmuskulatur (v. a. der M. multifidus). Durch das Fixieren des Oberkörpers kommt es zu einer Dehnung des Oberbauches, die bei fortgeschrittener Schwangerschaft als unangenehm empfunden werden kann. Eine leichte Mitbewegung des Oberkörpers reduziert die Spannung der Bauchdecke und ermöglicht auch in der Spätschwangerschaft ein Twisten der Hüften. Diese Bewegung sollte allerdings nicht zu kraftvoll ausgeführt werden, da die Kräfte, welche durch die Beschleunigung und das Abbremsen der Hüfte beim Drehen entstehen, eventuell Komplikationen (wie z. B. Wehenauslösung oder Blutung) fördern könnten.

2 Möglichkeiten und Grenzen des Orientalischen Tanzes

2.1.4 Drehungen und Schritte

Der Orientalische Tanz ist kein Tanz auf der Stelle. Wenn oft auch sehr wenig Platz genügt, da hauptsächlich Binnenbewegungen den Tanz wesentlich bestimmen, so kennt auch der moderne Orientalische Tanz verschiedenste Arten von Drehungen und Schrittkombinationen bis hin zu kleinen Sprüngen. Drehungen stammen vorwiegend aus dem Ballett, Schrittkombinationen aus Folkloretänzen. Schritte werden meist derart

Abb. 40 bis 42: Beckenwelle(nkreis). Das Becken wird vorgeschoben und kyphosiert (Abb. 40). Unter Verminderung der Kniebeugung und Rückführung des Beckens in eine leichte Lordosestellung (Abb. 41) wird das Becken zurückgeschoben (Verlagerung des Körperschwerpunktes nach hinten) und die Kniebeugung wieder verstärkt (Abb. 42). Ein erneutes Vorschieben und Aufrichten des Beckens schließt den Beckenwellenkreis.

2.1 Bewegungsanalysen und Auswirkungen typischer Figuren

Abb. 43 bis 46: Beckenwellengang. Eine Kombinationsbewegung aus Beckenwelle und Nachstellschritt. Auf das Vorsetzen des linken Fußes bei gleichzeitiger Verstärkung der Lendenlordose (Abb. 43) erfolgt die Gewichtsverlagerung auf das linke Bein (Abb. 44). Das rechte Bein wird mit aufgestelltem Fuß nachgezogen und das Becken dabei nach vorne geschwungen, was zur Entlordosierung der LWS führt (Abb. 45). Der rechte Fuß wird zur Ferse hin abgerollt und das Becken leicht zurück gekippt bis die Ausgangsposition (Grundstellung des Orientalischen Tanzes) erreicht ist (Abb. 46). Durch gleichartige Wiederholung dieser Schrittabfolge entsteht der Beckenwellengang.

ausgeführt, dass die Fußspitze zuerst aufgesetzt wird und dann der Fuß auf die Ferse abgerollt. Auch Drehungen werden vorwiegend auf Zehenspitzen gemacht, obwohl der Tanz an sich sehr erdverbunden ist.

Physiologisch betrachtet kommt es dadurch zu einem Training der Wadenmuskulatur, die als Venenpumpe gleichzeitig eine wichtige Funktion bei der Rückstromförderung des Blutes aus den Beinen hat. Da nicht dauerhaft auf Zehenspitzen getanzt und bei bestimmten Tanzfiguren nur das unbelastete Spielbein auf die Fußspitze gestellt wird, werden Gleichgewichtsprobleme und Krämpfe vermieden und die Möglichkeiten der Wadenmuskulatur als Venenpumpe optimal ausgeschöpft. Gleichzeitig erfolgt eine Stärkung des Fußgewölbes.

2 Möglichkeiten und Grenzen des Orientalischen Tanzes

Der Beckenwellengang eignet sich gerade für Schwangere besonders gut zur Fortbewegung. Die Beckenwelle (s. Abb. 40 bis 42) an sich lässt sich als sagittaler nach hinten gerichteter Hüftkreis beschreiben. Dieser entsteht durch extremes Aufrichten des Beckens (Kyphosierung der Lendenwirbelsäule) bei Verlagerung des Körperschwerpunktes nach vorne und anschließendem Kippen des Beckens in eine leichte Lordosestellung mit Rückverlagerung des Körperschwerpunktes (Fußballen und Fersen tragen wechselweise das Körpergewicht). Zur Vergrößerung des Bewegungsumfanges können die Knie beim Vorschieben und Aufrichten des Beckens stärker gebeugt werden als beim Rückschieben und Kippen. Bildlich gesehen rollt die Schwangere ihr Kind immer wieder in das Becken hinein. Beteiligt sind vor allem die Bauch- und Rückenmuskulatur sowie Hüftstrecker und -beuger. Verbindet man nun diese Bewegung mit Nachstellschritten, entsteht ein wogender Gang, ähnlich dem Kamelgang (s. 2.1.5), nur ohne Einsatz des Oberkörpers, der Beckenwellengang (s. Abb. 43 bis 46).

2.1.5 Oberkörperbewegungen

Eine ebenso bedeutsame Rolle wie die Hüfte spielt auch der Oberkörper beim Orientalischen Tanz. Brustkorbverschieben, Brustkorbkreisen, Brustkorbwelle, Schulterkreise und ganz besonders der Schultershimmy sind hier anzuführen. Wichtig ist, dass bei isolierten Oberkörperbewegungen die Hüfte fixiert ist. Während die Hüfte den stabilen Part bildet, ist nun der Oberkörper der mobile Part.

Beim Schulterkreisen und Schultershimmy befindet sich auch die Brust- und Rückenmuskulatur in einer leichten Anspannung. Schulterkreisen ist ein versetztes Rückwärtskreisen beider Schultern, d. h., zeigt eine Schulter nach vorne, ist die andere nach hinten verschoben, ist die eine hochgezogen, hängt die andere herab (s. Abb. 48 und 49).

Der Shimmy entsteht durch eine Rotation in der BWS mit der Hüfte als stabiler Komponente (im Gegensatz zum Twist, wo die Hüfte der mobile und der Oberkörper der stabile Part ist) und, bei einem einseitigen Schultershimmy, sowie bei einem sehr heftigen beidseitigen Shimmy, durch ein versetztes Vor- und Zurückschieben einer bzw. beider Schultern. Da die Arme ruhig im Raum verweilen sollen, ist eine Ausgleichsbewegung in den Schulter- und Ellenbeugengelenken nötig. Das bedeutet, dass beim

2.1 Bewegungsanalysen und Auswirkungen typischer Figuren

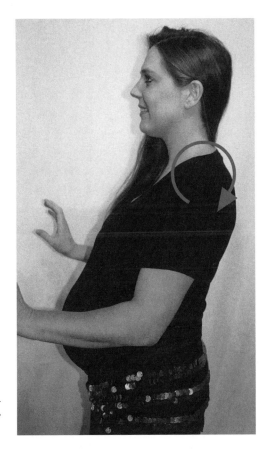

Abb. 47: Schulterkreis. Die Bewegungsrichtung verläuft von vorne nach hinten.

Vorschieben der Schulter eine Retroversion im Schultergelenk mit gleichzeitiger Beugung im Ellenbeugengelenk erfolgen muss. Wird die Schulter zurückgeschoben, muss im Schultergelenk zum Ausgleich eine Anteversion mit Streckung im Ellenbeugengelenk erfolgen (s. Abb. 50 bis 53).

Das Erlernen dieser Bewegungen erfolgt wie beim Hüftshimmy durch eine langsame Temposteigerung. Hierbei wird ein Großteil der Rücken-, Bauch- und Schultergürtelmuskulatur beansprucht: die schrägen Bauchmuskeln, Mm. obliqui externus et internus abdominis, das Schrägsystem des medialen Trakts der autochthonen Rückenmuskulatur, Innenrotatoren und Außenrotatoren in Kombination mit Muskeln für die Anteversion und Retroversion des Schultergelenks, sowie die Mm. rhomboidei major et minor und der M. serratus anterior.

2 Möglichkeiten und Grenzen des Orientalischen Tanzes

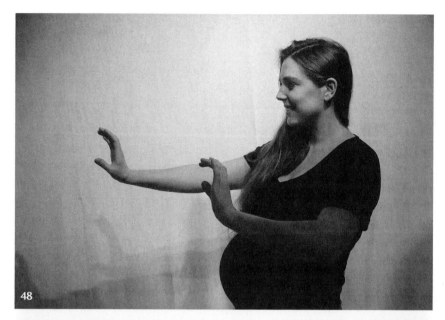

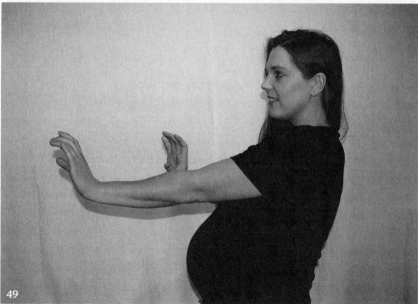

Abb. 48 und 49: Schulterkreisen beidseits. Die Bewegung wird von der rechten und linken Schulter versetzt ausgeführt.

2.1 Bewegungsanalysen und Auswirkungen typischer Figuren

Abb. 50 und 51: Brust- bzw. Schultershimmy in Frontalansicht

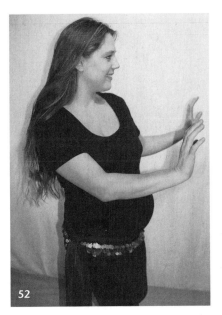 

Abb. 52 und 53: Brust- bzw. Schultershimmy in Seitansicht

Oberkörper- bzw. Brustkorbbewegungen fördern die Mobilität v. a. in den oberen Partien der Wirbelsäule, dehnen und kräftigen die oft vernachlässigten Muskelgruppen in gleichem Maße. Dies wird auch beim Brustkorbverschieben deutlich. Hier wird bei fixierter Hüfte der Brustkorb durch eine Translationsbewegung der Brustwirbelsäule wechselweise nach rechts und links verschoben (s. Abb. 54 und 55). Die Schultern bleiben dabei in einer Ebene, d. h. es findet keine Seitbeugung des Rumpfes statt. Der Kopf ruht bewegungslos auf der Halswirbelsäule. Die Seite, nach der der Oberkörper verschoben wird, erfährt eine Dehnung, die gegenüberliegende verrichtet die Haltearbeit. Das Körpergewicht verlagert sich dabei nur leicht. Die Hüfte bildet den stabilen Part.

Kombiniert man das Brustkorbverschieben mit einem Vorschieben des Brustkorbes durch Streckung (Lordosierung) der Brustwirbelsäule und einem Rückschieben durch Beugung (Kyphosierung), so entsteht eine neue Bauchtanzfigur, das Brustkorbkreisen.

Abb. 54 und 55: Brustkorbverschieben.

2.1 Bewegungsanalysen und Auswirkungen typischer Figuren

Während das Brustkorbkreisen eine horizontale Bewegung im Raum darstellt, bezeichnet die Brustkorbwelle einen vertikalen Kreis. Der Oberkörper wird durch Streckung der Hals- und oberen Brustwirbelsäule bei gleichzeitig leichter Rumpfbeugung durch Kyphosierung der unteren BWS nach vorne geschoben. Das Körpergewicht verlagert sich auf die Fußspitze. Unter Zuhilfenahme der Atemhilfsmuskulatur und durch zunehmende Streckung der Brustwirbelsäule im unteren Abschnitt wird dann der Brustkorb gehoben und durch anschließende Kyphosierung der gesamten Brustwirbelsäule und leichte Lordosierung der Lendenwirbelsäule hinter den Körperschwerpunkt verlagert. Hier wird der Brustkorb durch Kyphosierung der Lendenwirbelsäule und Entspannen der Atemhilfsmuskulatur wieder gesenkt, bevor er erneut nach vorne geschoben wird. Das Körpergewicht verteilt sich wechselweise auf Fersen und Fußballen. Brustkorbwellen und -kreise sind in der Frühschwangerschaft sehr gut zur Mobilisation der gesamten Wirbelsäule sowie zur Stärkung des M. erector spinae und der Bauchmuskulatur geeignet. In der Spätschwangerschaft sind sie nicht zu empfehlen, da es beim Vorschieben des Brustkorbes zu einer starken Dehnung der Bauchdecken und beim Rückschieben zu einer Kompression des Bauchraumes mit Einklemmen des Kindes zwischen Brustkorb und Becken kommt.

Neben dem Vor- und Rückschieben des Oberkörpers ist in der Brustkorbwelle eine weitere Bauchtanzbewegung enthalten, das Brustkorbheben und -senken. Durch Streckung der BWS bei gleichzeitiger Zuhilfenahme der Atemhilfsmuskulatur wird der Brustkorb gehoben (s. Abb. 56), durch Kyphosierung der BWS und Entspannung der Atemhilfsmuskulatur wird er wieder abgesenkt (s. Abb. 57). Neben der Atemhilfsmuskulatur sind in erster Linie der M. erector spinae, der M. serratus posterior superior und die Mm. rhomboidei beteiligt. Das Brustkorbheben in der Schwangerschaft ist eine gute Übung zur Stärkung des M. erector spinae im Bereich der Brustwirbelsäule. Dem Zug nach vorne durch das Kind im Bauch kann somit besser entgegengewirkt werden. Gleichzeitig wird durch das Anheben das Brustkorbes der Bauchraum vergrößert und der Druck auf die Organe (v. a. auf die Leber in der Spätschwangerschaft) kurzzeitig vermindert. Das Absenken des Brustkorbes sollte langsam erfolgen, um eine ruckartige Kompression des Bauchraumes zu vermeiden.

In diesem Kapitel soll nun auch eine etwas kompliziertere Tanzfigur erwähnt werden, die als kombinierte Brustkorb- und Beckenbewegung zu

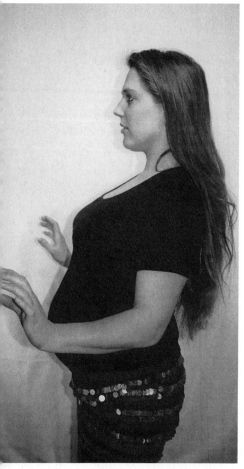 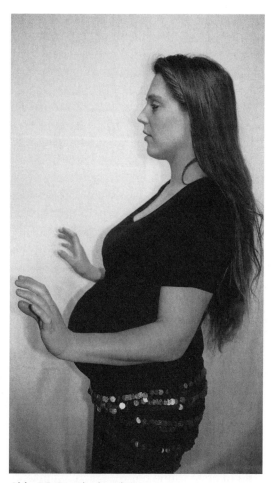

Abb. 56: Brustkorbheben   *Abb. 57:* Brustkorbsenken

betrachten ist. Diese Bewegung wird gemeinhin als *Kamel* bezeichnet. Durch das Wechselspiel von Lordosierung und Kyphosierung unterschiedlicher Wirbelsäulenabschnitte erfolgt eine ideale Mobilisierung der gesamten Wirbelsäule sowie eine Kräftigung segmentaler Rückenmuskeln, der Bauchmuskulatur, des Beckenbodens, der Hüftstrecker und -beuger. Man könnte sie als eine Art Zusammenspiel von vertikalem Brustkorbkreis und Beckenwelle bzw. Beckenwellengang beschreiben. Der Brustkorb wird leicht angehoben und der Oberkörper durch Gewichtsverlagerung auf die Fersen und Verstärkung der Lendenlordose nach hinten geneigt. Aus dieser Position heraus wird die Wirbelsäule kontinuierlich bis zum Becken abgerollt. Während dieses in die natürliche Lordosestellung zurückgeführt wird, neigt sich der Oberkörper durch Gewichtsverlagerung auf die Fußspitzen vor, und der Brustkorb richtet sich durch Streckung der Brustwirbelsäule vor dem Körper auf. Die Bewegung kann von neuem beginnen. Kombiniert man diese Bewegung mit (Nachstell-)Schritten, so entsteht ein wogender, wellenförmiger Gang, der *Kamelgang.*

2.1.6 Arm- und Handbewegungen

Während das Becken oft sehr kraftvolle, den Rhythmus akzentuierende Bewegungen ausführt, bewegen sich Arme und Hände eher weich und fließend. Hier ist der Einfluss des indischen Tanzes deutlich erkennbar. Die Hände zeichnen Kreise (s. Abb. 58 bis 61), Wellen oder Achten in die Luft, wobei die meisten Bewegungen ihren Ursprung im Handgelenk haben und sich bis in die Fingerendgelenke fortsetzen, zum Teil auch über den ganzen Arm bis hin zur Schulter ausbreiten. Zur Erklärung hilft oftmals der bildliche Vergleich mit einer Marionette, deren Fäden am Handgelenk befestigt sind.

Schlangenarme haben ihren Ausgangspunkt nicht im Hand- sondern im Schultergelenk. Der Arm wird innenrotiert und abduziert, die Kraft kommt aus der Schultergürtelmuskulatur. Der Ellenbogen führt, Unterarm und Hand folgen passiv wie beim Wellenschwingen mit einem Seil. Ist der Umschlagpunkt erreicht, wird das Schultergelenk außenrotiert und adduziert, so dass sich der Arm wieder senkt. Beide Arme führen die Bewegung versetzt aus (s. Abb. 62 und 63).

Geschmeidige Arm- und Handbewegungen sind wertvolle Übungen, um die Durchblutung und den Blutrückstrom in bzw. aus der oberen Extremität anzuregen, sämtliche Gelenke von den Fingerspitzen bis zur Schulter zu mobilisieren, Verspannungen zu lösen, die Muskulatur zu kräftigen und die einzelnen Muskelfunktionen differenziert zu trainieren. Sie verleihen dem Tanz Anmut und helfen durch gut gewählte Posen Hüft-, Oberkörper- und Kopfbewegungen zu betonen.

Auch das Tanzen mit dem Schleier sei hierbei kurz erwähnt. Zur Ausführung der verschiedenen Schleiertanzfiguren sind neben feinen Finger- und Handgelenksbewegungen vor allem weitgreifende Armbewegungen

2 Möglichkeiten und Grenzen des Orientalischen Tanzes

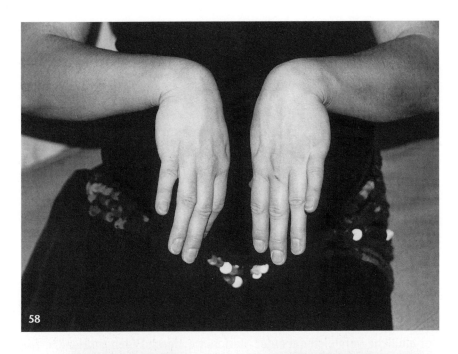
58

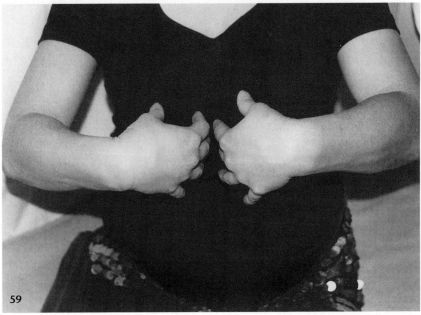
59

2.1 Bewegungsanalysen und Auswirkungen typischer Figuren

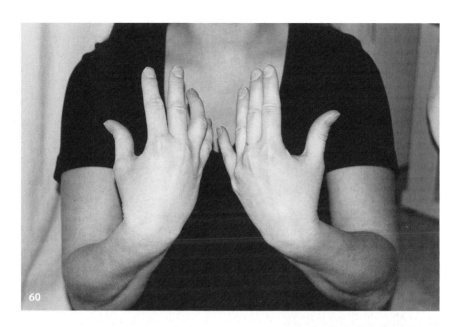

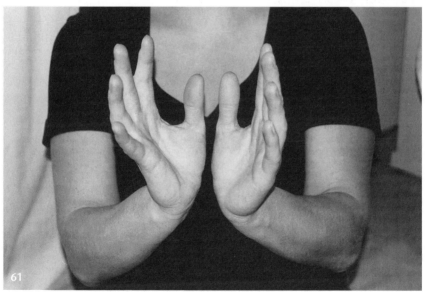

Abb. 58 bis 61: *Handkreise mit beiden Händen zugleich. Die Handgelenke führen, die Finger folgen nach. Die Kreisbewegung ist vom Körper weg gerichtet und signalisiert damit ein symbolisches »Geben« bzw. ein »sich Öffnen für das Gegenüber«.*

2 Möglichkeiten und Grenzen des Orientalischen Tanzes

Abb. 62 und 63: *Schlangenarme*

2.1 Bewegungsanalysen und Auswirkungen typischer Figuren

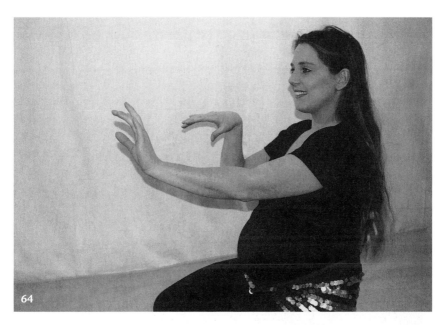

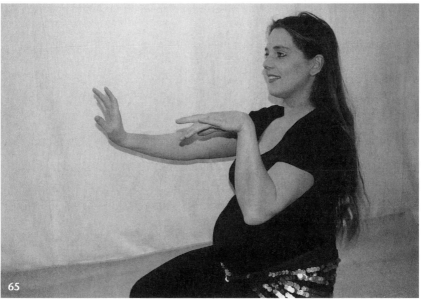

Abb. 64 und 65: *Armwellen. Es führt das Handgelenk, die Finger folgen. Die Bewegung wird vom rechten und linken Arm versetzt ausgeführt.*

2 Möglichkeiten und Grenzen des Orientalischen Tanzes

Abb. 66 bis 68: Verschiedene Armhaltepositionen zur Umrahmung des Kopfes. Es liegen entweder die Handflächen (Abb. 66 und 67) oder die Handrücken (Abb. 68) einander an.

nötig. Der Oberkörper wird je nach Figur entweder stabilisierend oder zur Bewegungsverstärkung eingesetzt. Die Beckenbewegungen sind denen beim herkömmlichen Bauchtanz ähnlich oder identisch. Getanzt wird allerdings vorwiegend auf den Fußspitzen. Der Schleiertanz lebt zudem von raumfordernden Drehungen und Schritten. Für den Tanz mit dem Schleier ist eine gute Körperbeherrschung Voraussetzung. Für Anfängerinnen ist er nicht empfehlenswert. Schnelles Drehen oder durch Unbeholfenheit verursachtes Treten auf den Schleier beinhalten mögliche Sturzgefahren. Für Frauen, die im Schleiertanz geübt sind, bietet diese Variante des Orientalischen Tanzes gerade während der Schwangerschaft viele posi-

2.1 Bewegungsanalysen und Auswirkungen typischer Figuren

Abb. 69:
Tanz mit dem Schleier
(25. Schwangerschaftswoche)

2 Möglichkeiten und Grenzen des Orientalischen Tanzes

tive Aspekte. Die Schultergürtel- und Armmuskulatur wird auf besondere Weise mobilisiert und gekräftigt. Fortlaufenden Verspannungen kann entgegengewirkt werden. Der Rückstrom des Blutes aus der oberen Extremität wird verbessert. Das überwiegende Tanzen auf den Fußspitzen und das damit verbundene häufige Aufstellen und Abrollen der Füße fördert den Blutrückstrom aus den Beinen, kann Varizen und Ödemen vorbeugen, kräftigt die Wadenmuskulatur und stärkt das Fußgewölbe. Auf eine detaillierte Beschreibung der zahlreichen und zum Teil komplizierten Schleiertanzfiguren wird an dieser Stelle verzichtet – mit dem Verweis für alle näher Interessierten auf die im Handel erhältlichen *Lehrbücher* über Orientalischen Tanz.

2.1.7 Bauchbewegungen

Als typische Bauchbewegungen kennt der Orientalische Tanz das *Bauchflattern,* auch *Zwerchfellflattern* genannt, und die *Bauchrolle.*

Beim Bauchflattern wird durch schnelles An- und Entspannen des Zwerchfells, möglichst bei geschlossener Stimmritze, die Bauchdecke in Schwingung versetzt. Bleibt die Stimmritze offen, kommt es zu einer Art Hechelatmung. Hierbei besteht die Gefahr der Hyperventilation. Die von einigen Geburtsvorbereitern propagierten Begriffe Zwerchfellschwingen und Schmetterlingsatmung lassen gewisse Parallelen zwischen der in der Geburtsvorbereitung praktizierten Form der Hechelatmung und dieser Bauchtanzbewegung erkennen. Allerdings wird die Gebärende zum Hecheln wohl immer auch die Brustmuskulatur einsetzen, v. a. dann, wenn das Kind auf das Zwerchfell drückt und dieses dadurch nicht frei schwingen kann. Dennoch kann ihr die willentliche Kontrolle über die Muskulatur des Zwerchfells sowohl während der Schwangerschaft, hier v. a. zum Zweck einer entspannenden Atmung, als auch bei der Geburt sehr hilfreich sein.

Die Bauchrolle erfordert ein großes Maß an Körperbeherrschung in Bezug auf die segmentale Innervation der verschiedenen Bauchmuskeln. Durch ein Wechselspiel zwischen den schrägen und geraden Bauchmuskeln und eine nacheinander ablaufende Innervation der oberen und unteren Bauchmuskelpartien entsteht eine rollende Bewegung des Bauches. Diese Rolle ist in zwei Richtungen möglich – von oben nach unten oder umgekehrt. Bei der Bauchrolle von unten nach oben werden zuerst die unteren Bauchmuskelpartien angespannt, dann die oberen. Das Lösen der Muskulatur erfolgt in der gleichen Reihenfolge. Dies ist eine eher unvorteilhafte Bewegungsrichtung, v. a. für die Schwangere, da die Baucheingeweide in Richtung Zwerchfell geschoben werden und dadurch gegen den Magen drücken, was eine bestehende Übelkeit oder Hyperemesis verstärken kann.

Die Bauchrolle von oben nach unten hingegen hat viele positive Auswirkungen. Durch eine Art Massage des Darms wird die Verdauung angeregt und die Transportfunktion des Darms unterstützt. Zu Beginn der Schwangerschaft kann diese Übung dazu dienen, die Bauchmuskulatur geschmeidig zu halten. Auch während der Geburt kann das Gefühl für die verschiedenen Partien der Bauchmuskeln der Gebärenden helfen, das Kind bewusst herauszuschieben anstelle eines ungerichteten generellen Pressens. Nach den ersten Schwangerschaftsmonaten wird das Ausüben der Bauchrolle mit zunehmender Dehnung der Bauchdecken nicht mehr möglich und ist auch nicht empfehlenswert, da durch das kontinuierliche Schieben des Kindes in Richtung Muttermund eventuell Wehen ausgelöst werden könnten. Auch in der Frühschwangerschaft kann die Bauchrolle durch die wellenförmige Druckerhöhung im Unterleib als unangenehm empfunden werden. Generell ist dies keine Übung für Anfängerinnen – schon gar nicht für Schwangere. Frauen mit Bauchtanzerfahrung werden selbst entscheiden, ob ihnen die Bewegung angenehm ist oder nicht.

2.2 ANPASSUNG DES ORIENTALISCHEN TANZES AN VERSCHIEDENE STADIEN DER SCHWANGERSCHAFT

Der Orientalische Tanz, so wie er bei uns in Deutschland ausgeübt und unterrichtet wird, hat eine eigene Entwicklung hinter sich, die vorwiegend von amerikanischen Einflüssen geprägt ist. Die Amerikanerinnen feilten die einfachen und wenigen arabischen Grundbewegungen aus, fügten ihnen Elemente anderer Tanzarten wie Modern Dance, Ballett oder Jazztanz hinzu, versahen den Tanz mit einem gewissen Maß an Akrobatik und verschafften ihm so die nötige Bühnenreife für ein anspruchsvolles und an Abwechslung gewöhntes westliches Publikum.

Nicht alle Neuerrungenschaften dieses erweiterten Bewegungsrepertoires sind auch für die schwangere Tänzerin geeignet. Die Gefahren liegen

2 Möglichkeiten und Grenzen des Orientalischen Tanzes

in der vorzeitigen Auslösung von Wehen sowie der Überbeanspruchung von Bändern, Gelenken und Muskulatur. Dabei ist zu beachten, dass ein und dieselbe Übung zu unterschiedlichen Zeitpunkten der Schwangerschaft verschiedene Wirkungen haben kann. Ebenso kann ein und dieselbe Bewegung von zwei Schwangeren völlig anders empfunden werden. Dies verdeutlicht die Notwendigkeit einer in Geburtsvorbereitung *und* Orientalischem Tanz geschulten Kursleiterin zur Ausarbeitung eines den jeweiligen Bedürfnissen der Schwangeren angepassten Konzeptes.

Bodentanzfiguren, wie z. B. die Sultansbrücke, die Serpentine (Sitz zwischen den Knien und Entlangrollen des Oberkörpers am Boden) oder der Shimmy im Knien, sollten grundsätzlich vermieden werden. Sie stellen eine extreme Belastung für die Bauchdecken, die Rückenmuskulatur und die Knie dar. Auch bei Kopfbewegungen ist Vorsicht geboten, v. a. dem Kopfgleiten (s. 2). Zum einen entspricht diese Bewegung von Grund auf nicht einem physiologischen Bewegungsmuster, zum anderen kann sie sich bei gelockertem Bandapparat besonders schädlich auf die Gelenke der Halswirbelsäule auswirken.

Da jede Schwangerschaft anders verläuft, und die Erfahrungen mit Orientalischem Tanz bei Schwangeren stark variieren, lassen sich keine allgemeingültigen und detaillierten Regeln aufstellen. Es macht einen großen Unterschied für die Zusammenstellung der Tanzbewegungen aus, ob sich eine Frau erstmals während der Schwangerschaft mit Orientalischem Tanz befasst oder ob sie bereits zuvor schon längere Zeit getanzt hat. Dennoch gilt es einige grundlegende Dinge zu beachten, um dem Auftreten von Problemen oder Komplikationen vorzubeugen. Sehr kraftvolle, ruckartige und ausladende Bewegungen sollte die Schwangere vermeiden. Hierzu zählen u. a. sagittale Beckenstöße oder extreme Hüftshimmies. Langsam ausgeführt beinhalten jedoch gerade diese beiden Übungen wertvolle Trainingseffekte. Das Aufrichten des Beckens bewirkt eine Straffung des Beckenbodens, der Bauch- und Rückenmuskulatur, sowie der ischiokruralen Muskulatur zusammen mit dem Musculus glutaeus maximus. Ein leichter Hüftshimmy lockert das Iliosakralgelenk und verspannte Rückenmuskeln im Bereich der Lendenwirbelsäule, fördert wahrscheinlich die Durchblutung im Becken und kann gerade während der Geburt in den Wehenpausen eine angenehme Wirkung haben.

Richtige (korrekte Haltung, langsame Bewegungsausführung mit erst allmählicher Temposteigerung) und v. a. bildliche Erklärungen sind wert-

2.2 Anpassung des Orientalischen Tanzes

volle Hilfen beim Üben des Shimmys. Aufgrund der zahlreichen positiven Effekte für die Schwangere sollte ihr diese Bewegung grundsätzlich nicht vorenthalten werden. Allerdings sollten Frauen, die sich während fortgeschrittener Schwangerschaftsstadien erstmals mit dem Orientalischen Tanz befassen, mit dem Erlernen von Hüftshimmies zurückhaltend sein. Anfängerinnen verkrampfen sich leichter oder fallen ins Hohlkreuz. Schmerzen können die Folge sein. Einschränkungen bestehen auch bei einer Neigung zu vorzeitigen Wehen, die sich bei anderen Bauchtanzbewegungen ebenso äußern kann.

Besondere Vorsicht ist bei der Bauchrolle geboten. Grundsätzlich ist sie keine Bewegung für Anfängerinnen, wenngleich sie manche Frauen schon von Natur aus beherrschen. Frauen, die die Bauchrolle bereits zuvor gern ausgeübt haben, können sie auch während der Schwangerschaft beim Tanzen einsetzen. Dies sollte allerdings nicht zu intensiv und lang anhaltend sein, damit durch die rhythmischen Kontraktionen der Bauchmuskulatur nicht übermäßig Druck im Bauchraum erzeugt wird oder Wehen ausgelöst werden. Bei unkompliziert verlaufender Schwangerschaft kann eine gelegentlich ausgeführte Bauchwelle durchaus verdauungsfördernd sein – vorausgesetzt die Richtung stimmt, d. h. der Bauch wird von oben nach unten abgerollt. Durch den Anstieg des Progesteronspiegels kommt es zu einer generellen Motilitätsabnahme und Tonusverminderung der glatten Muskulatur. Im Gastrointestinaltrakt sind die Folgen Reflux mit Sodbrennen, eine verlängerte Gesamtpassagezeit von Speisen und Obstipation. Hier kann eine sanfte aktive Darmmassage durch die Bauchmuskulatur, sozusagen als Anregung von außen, wohltuend wirken. Im weiteren Verlauf der Schwangerschaft wird die Bauchrolle mit zunehmender Dehnung der Bauchmuskulatur unmöglich. Bei der Geburt hingegen kann während der Austreibungsphase das Beherrschen segmentaler Innervation der Bauchmuskulatur ein gerichtetes Herausschieben des Kindes begünstigen. Es bleibt aber auch zu erwähnen, dass selbst viele geübte Bauchtänzerinnen Probleme mit dem Erlernen der Bauchrolle haben oder die Bewegung sowohl in der Frühschwangerschaft als auch im weiteren Verlauf als unangenehm empfinden.

Weiche, ruhige und fließende Bewegungen wie Hüftkreisen und Hüftacht oder Beckenwippen entfalten ihre wohltuende Wirkung in jedem Stadium der Schwangerschaft und können bei der Geburt, in den Wehenpausen angewandt, bei der Schmerzverarbeitung helfen. Gegen Ende der

2 Möglichkeiten und Grenzen des Orientalischen Tanzes

Schwangerschaft, wenn die Bauchdecken maximal gedehnt sind, verkleinern viele Frauen automatisch den Bewegungsumfang ihrer Tanzfiguren, v. a. von ausladenden Hüftbewegungen, um eine zusätzliche Strapazierung des Gewebes zu vermeiden. Intensives Beckenkreisen kann ebenfalls eine beim Geburtsvorgang hilfreiche Bewegung sein, die sowohl die Einstellung des kindlichen Kopfes ins kleine Becken als auch den Durchtritt des Kindes durch den Geburtskanal während der Austreibungsperiode begünstigen kann. Hierzu ist allerdings eine vertikale Gebärposition nötig und eine dem Orientalischen Tanz gegenüber aufgeschlossene Hebamme.

In der Spätschwangerschaft kommt es durch den Zwerchfellhochstand zu einer Kompression der unteren Lungenabschnitte mit einer Verminderung der funktionellen Residualkapazität. Oberkörperbewegungen wie Brustkorbverschieben oder -heben und -senken können helfen, den Druck des Kindes auf eine bestimmte Stelle des Zwerchfells oder die Leber zu lindern und durch Kräftigung der Muskulatur in den Abschnitten der Brustwirbelsäule eine aufrechte Haltung und freiere Atmung zu fördern. Vertikale Brustkorbwellen, Brustkorbkreise oder die Kamelbewegung werden in der Spätschwangerschaft oftmals als unangenehm beschrieben. Aufgrund der Größe des Kindes kommt es während des Bewegungsablaufes entweder zu einem *Einklemmen* des Bauches zwischen Brustkorb und Becken mit konsekutiver Druckerhöhung im Bauchraum oder zu einer Dehnung der Bauchdecke.

Für eine mit Orientalischem Tanz vertraute Schwangere wird sich in den ersten Monaten – soweit die Schwangerschaft normal verläuft – kaum etwas an ihrem Tanzstil ändern, außer, dass sie wahrscheinlich kritischer als zuvor auf die Reaktionen ihres Körpers achten wird. Mit dem Fortschreiten der Schwangerschaft können durch das Wachstum des Bauches und die Verlagerung des Körperschwerpunktes Probleme entstehen. Ausladende Hüftkreise, starkes Twisten oder einseitige Hüftbewegungen, wie z. B. vertikale Hüftkreise, die eine zusätzliche Dehnung der Bauchdecken bewirken, werden eventuell als unangenehm empfunden. Die Dynamik und Intensität der Hüftbewegungen sollte eingeschränkt werden. Die Ausdauer beim Tanzen kann durch eine mögliche Dyspnoe, die mehr als 50% der Schwangeren als subjektive Beschwerden angeben, eingeschränkt sein. Es empfiehlt sich, Übungen, die allein den Oberkörper oder die Arme und Hände betreffen, im Sitzen anstelle im Stehen auszuführen.

2.2 Anpassung des Orientalischen Tanzes

Tab. 2: Anpassung des Orientalischen Tanzes an das Schwangerschaftsstadium bei Frauen ohne Tanzerfahrung

Schwangere ohne Erfahrung mit Orientalischem Tanz	
Beginn in der Frühschwangerschaft	**Beginn in der Spätschwangerschaft**
<ul><li>Grundsätzlich alle Bewegungen möglich</li><li>Empfehlung einfacher Bewegungen der Hüfte, des Oberkörpers, der Arme und Hände</li><li>Unkomplizierte Schritte</li><li>Vorsicht beim Erlernen von Shimmies</li><li>Von der Bauchrolle ist abzuraten</li><li>Kein Bodentanz</li><li>Keine horizontalen Kopfbewegungen</li></ul>	<ul><li>Empfehlung weicher und wenig kraftvoller Bewegungen der Hüfte und des Oberkörpers, sowie einfacher Arm- und Handbewegungen (eventuell im Sitzen)</li><li>Reduktion des Bewegungsumfanges, v. a. bei Bewegungen mit stärkerer Dehnung der Bauchdecken wie z. B. beim Hüftkreis oder der Hüftacht</li><li>Vorsicht bei vertikalen Oberkörper- oder Hüftbewegungen</li><li>Keine Brustkorbwelle</li><li>Keine Shimmies</li><li>Keine Bauchrolle</li><li>Keine ruckartigen oder sehr kraftvollen Bewegungen, wie z. B. Beckenstöße</li><li>Kein Bodentanz</li><li>Keine horizontalen Kopfbewegungen</li></ul>

Im Verlauf der Schwangerschaft überwiegen allmählich in Bezug auf die Kontraktionsbereitschaft der Gebärmutter die erregungsfördernden Faktoren die erregungshemmenden. Zusätzlich wird durch die Ausbildung von Gap-junctions, d. h. Kontaktstellen, zwischen den einzelnen Muskelfasern des Uterus die Erregungsausbreitung beschleunigt. Dies erklärt die unterschiedliche Wirkung bestimmter Bauchtanzbewegungen in verschiedenen Schwangerschaftsstadien. Ursula Kölsch schreibt hierzu: »Ich fand heraus, dass waagrechte, langsame Bewegungen wie Kreise, Achten und Hüftgleiten die Muskeln der Gebärmutter beruhigten, während Bewegungen in der Senkrechten wie Beckenwelle und rhythmischere Bewegungen wie Twist, Beckenkippen, Hüftdrop und Shimmy die Muskeln anregten.

2 Möglichkeiten und Grenzen des Orientalischen Tanzes

Tab. 3: Anpassung des Orientalischen Tanzes an das Schwangerschaftsstadium bei Frauen mit Tanzerfahrung

Schwangere mit Erfahrung im Orientalischen Tanz	
Tanzen in der Frühschwangerschaft	**Tanzen in der Spätschwangerschaft**
• Alle Bewegungen möglich • Vorsicht bei extremen Bewegungen wie z. B. kraftvollen Shimmies oder schnellem Twisten • Vorsicht beim Bodentanz, allenfalls einfache Hüft- oder Oberkörperbewegungen im Knien oder besser noch im Fersensitz • Keine horizontalen Kopfbewegungen • Bauchrolle von oben nach unten ausüben • Achtung auf eventuell veränderte Reaktionen des Körpers bei ursprünglich vertrauten Bewegungen • Keine Selbstüberschätzung	• Reduktion des Bewegungsumfanges • Lockerung des Prinzips der Isolation verschiedener Körperteile • Bewegungen weicher, langsamer und weniger kraftvoll ausführen • Bevorzugung horizontaler gegenüber vertikaler Bewegungen • Kein Bodentanz • Keine horizontalen Kopfbewegungen • Keine Bauchrolle • Keine exzessiven Drehungen (Sturzgefahr) • Kritische Selbstwahrnehmung beim Tanzen wichtig

[...] Beim Tanzen der rhythmischeren Bewegungen wurde meine Gebärmutter nun oft hart und fest, aber nicht in unangenehmer Weise. Es war so, als ob sie ›trainieren wollte‹ für die Geburt.«[15]

Doch jeder Körper reagiert etwas anders. Bestimmte Bewegungen in der Spätschwangerschaft können bei manchen Frauen wehenfördernd oder -auslösend wirken, während andere Frauen keinerlei Probleme bei der Ausübung haben. Dies muss eine Kursleiterin berücksichtigen und die Teilnehmerinnen umfassend aufklären. Letztendlich obliegt es der schwangeren Frau allein, auf die Signale ihres Körpers zu achten und sich dementsprechend zu verhalten. Dabei kann ihr wiederum der Orientalische Tanz behilflich sein, der u. a. auch zum Ziel hat, das Körperbewusstsein

---

15 Ursula Kölsch: Ins Leben getanzt – Erfahrungsbericht einer Geburt. In: Aus dem Bauch tanzen. Geburten. Heft 2 (1992). Herausgabe und Vertrieb: Gabriele-Fischer-Institut, Windeck. S. 13f

2.3 Veränderung des Körper- und Selbstbewusstseins

und Selbstvertrauen der Frau zu stärken. Die wichtigsten Punkte bei der Anpassung des Orientalischen Tanzes sowohl an das Schwangerschaftsstadium als auch an das Können der Schwangeren sind in den _Tabellen 2 und 3_ zusammengefasst.

2.3 VERÄNDERUNG DES KÖRPER- UND SELBSTBEWUSSTSEINS DURCH DEN ORIENTALISCHEN TANZ

Tanz ist ein Medium, das eine Verbindung zwischen der somatischen und psychischen Bewusstseinsebene schafft. Beim Trancetanz beispielsweise wird durch einen bestimmten Bewegungsablauf eine Art Selbsthypnose erreicht. (In der Psychiatrie wird Tanztherapie benutzt, um durch körperliche Reize Zugang zur Psyche der Patienten zu erlangen. Diese Therapieform wird v. a. bei geistig behinderten Patienten eingesetzt.)

Tanz ist eines der ältesten Mittel, um starke emotionale Reaktionen, positive wie negative, zu verarbeiten. Naturvölker kannten und kennen Tänze für alle bedeutenden Ereignisse im Leben wie beispielsweise Geburtstänze, Totentänze, Tänze anlässlich bestimmter Riten wie der Initiation oder Tänze zur Verehrung der verschiedenen Gottheiten. Früher war der Körper des Menschen neben der Sprache das wichtigste Mittel, um seine Emotionen mitzuteilen, um sich durch tänzerische Bewegung zu äußern.

Heutzutage sind viele Menschen dabei, das verlorene Wissen über die Einheit zwischen Körper und Geist für sich neu zu entdecken. Die wichtige Rolle des Sportes in unserer Gesellschaft, die Hinwendung zu fernöstlichen Entspannungs- und Meditationsformen wie Yoga oder Tai Chi, die stärkere Gewichtung der Psychosomatik in der Medizin und vieles mehr sind Folgen dieser ganzheitlichen Betrachtung des Menschen. Der Tanz und allen voran der individuelle Tanz – wie es der Orientalische Tanz ist – erhält unter diesem Aspekt ein besonderes Gewicht. Körper und Geist können sich gegenseitig beeinflussen.

Für die Frau, und speziell für die schwangere Frau, bedeutet das, dass sie durch den Tanz aufgestauten Emotionen freien Lauf lassen kann. Sie kann sich als gesamten Menschen einbringen, d. h. im Tanz wird sich auch ihre momentane Stimmung widerspiegeln. Gymnastik läuft häufig nach

2 Möglichkeiten und Grenzen des Orientalischen Tanzes

demselben Schema ab, sie kann auch bei völliger Abwesenheit der Gedanken ausgeübt werden, ein individuell gestalteter Tanz jedoch variiert entsprechend der psychischen Verfassung und Kreativität der Ausführenden. Andererseits kommt es durch die Beschäftigung mit dem eigenen Körper und die Wahrnehmung der daraus resultierenden somatischen Veränderungen, durch die entspannende oder befreiende Wirkung bestimmter Bewegungsabläufe rückwirkend zu einer teils bewussten, teils unbewussten Einflussnahme auf die Psyche der Frau. Sylvia Pedersen, Diplompsychologin und Lehrerin für Orientalischen Tanz, äußert sich folgendermaßen:»Wer mit seinem Körper in Kontakt ist, ist sich seiner selbst bewusst, übernimmt Verantwortung für sein emotionales und körperliches Wohlbefinden und projiziert seine Schwierigkeiten und Probleme nicht auf andere. Tanz verhilft uns dazu, wieder mit unserem psychischen und emotionalen Körper in Kontakt zu kommen, Muskelpanzer und Verspannungen zu lösen, Lebendigkeit zu spüren. Energie beginnt wieder zu fließen, und das Ergebnis ist oftmals eine spontane emotionale Befreiung. Denn nur ein Körper ohne Blockierungen läßt den freien Ausdruck von Gedanken und Gefühlen zu und ist daher gesund.«[16]

In unserer vom Verstand regierten Gesellschaft haben viele Frauen Angst davor, die Kontrolle über das Geschehen während der Geburt zu verlieren und ihrem Körper ausgeliefert zu sein. Ihm zu vertrauen und sich auf ihn einzustellen, bereitet ihnen große Schwierigkeiten. Dies liegt meist an einem mangelnden Körperbewusstsein, zum Teil sogar an einer Ignoranz dem eigenen Körper gegenüber.

Der Orientalische Tanz erfordert, dass sich die Frau intensiv mit ihrem Körper beschäftigt. Sie erfährt die Grenzen ihrer Beweglichkeit und Kondition, lernt jedoch zugleich, diese durch gezieltes Training zu erweitern. Sie ist sich also stets über die aktuelle Leistungsfähigkeit ihres Körpers im Klaren und kann dadurch ihren physischen Kräften mehr Vertrauen entgegenbringen. Dies ist ein wichtiger Aspekt zur Vermeidung von Versagensängsten während der Geburt.

Wie bereits beschrieben, ist der Orientalische Tanz im Wesentlichen durch isolierte Binnenbewegungen charakterisiert. Das Erlernen der Kontrolle über einzelne Muskelgruppen und die Fähigkeit zu willentlichem

---

16 Sylvia Pedersen; zit. n.: Dietlinde Bedauia Karkutli: Bauchtanz. Rhythmus – Erotik – Lebensfreude. München: Mosaik Verlag GmbH 1989. S. 94f

2.3 Veränderung des Körper- und Selbstbewusstseins

An- und Entspannen fördern das Körperbewusstsein der Frau – nicht nur in der betroffenen Körperregion, sondern auch ganzheitlich. Ein sensibilisiertes Körpergefühl kommt vor allem der Schwangeren zugute aufgrund der enormen körperlichen Veränderungen im Verlauf der Schwangerschaft und der Geburt. Nur wer die Bedürfnisse und Signale des eigenen Körpers wahrnimmt, wird auch entsprechend darauf reagieren können. Zudem verleiht die Interaktion mit dem eigenen Körper ein Gefühl der Sicherheit. Dies hilft, die Ängste mancher Frauen vor dem Ausgeliefertsein an sich selbst und andere während der Geburt zu vermeiden.

Für viele Frauen stellten Sexualität und Erotik Tabuthemen in ihrer Kindheitsentwicklung dar. Aufreizende Kleidung und Bewegungen galten als unschicklich, übertriebene Moralvorstellungen führten zur Unterdrückung sexueller Wünsche und Bedürfnisse sowie zu Problemen der Selbstakzeptanz als Frau. Oftmals resultieren daraus Verspannungen und Schmerzen im Unterleib. Der Orientalische Tanz kann der Frau helfen, ihre Rolle als Frau neu zu definieren. Kaum ein anderer Tanz betont in gleichem Maße die typisch weiblichen sekundären Geschlechtsmerkmale wie Hüften, Brüste oder Haare (diese besonders durch die Handhaltung). Er fordert und fördert die Auseinandersetzung mit der eigenen Auffassung von Weiblichkeit und Erotik. Das Erlernen neuartiger Bewegungsformen und die Entdeckung und Beherrschung unbekannter Muskeln kann eine große Faszination für den eigenen Körper bewirken. In der Hinwendung zum eigenen Körper liegt auch der erste Schritt der Selbstwahrnehmung und Selbstakzeptanz.

Viele Schwangere fühlen sich unförmig und unattraktiv. Sie denken, auch während der Schwangerschaft noch dem gesellschaftlichen Schönheitsideal – schlank und wohlgeformt – entsprechen zu müssen. Ein gestärktes Selbstbewusstsein fördert die Akzeptanz der körperlichen Veränderungen als Ausdruck weiblicher Fruchtbarkeit. Die Schwangere lernt, sich auch mit dickem Bauch schön zu fühlen, auf ihren Bauch und das Kind, das sie darin trägt, stolz zu sein. Auch der Rollenkonflikt zwischen Mutter und Partnerin, dem sich manche Frauen ausgesetzt sehen, kann dadurch besser bewältigt werden.

Ein weiterer psychologischer Aspekt besteht darin, dass es durch den Orientalischen Tanz zu einer intensiven Beziehung zwischen der Schwangeren und ihrem Kind kommt. Dies macht sich konkret erst in den fortgeschritteneren Schwangerschaftsmonaten bemerkbar, nämlich durch die

2 Möglichkeiten und Grenzen des Orientalischen Tanzes

Reaktionen des Kindes auf die Tanzbewegungen der Mutter, die es schaukeln, massieren oder stören können. Aber auch zu Beginn der Schwangerschaft bewirkt eine Konzentration auf Becken, Hüften und Bauch beim Tanzen eine aktive Hinwendung zum Kind, das darin heranwächst. Für viele Frauen beinhaltet die Beschäftigung mit dem Orientalischen Tanz eine Erfahrung ganz besonderer Art, die bewusste Freude darüber, eine Frau zu sein und Mutter zu werden.

2.4 ATMUNG UND TANZ

Das Erlernen unterschiedlicher Atemtypen und der richtige Einsatz während der verschiedenen Phasen der Geburt ist für viele Geburtsvorbereiter einer der wichtigsten Punkte. Für die Anhänger von Lamaze dient das Einüben einer komplizierten Atemtechnik vorwiegend zur Ablenkung der Gebärenden vom Schmerz der Wehen und ihrer aktiven Einbeziehung in den Geburtsablauf. Das von Read propagierte Atemschema ist weniger aufwendig und soll lediglich durch eine optimale Sauerstoffversorgung von Mutter und Kind während und zwischen den Wehen Verspannungen und dadurch stärkeren Schmerz vermeiden. Für sämtliche Geburtsvorbereitungsmethoden ist gerade die Atmung so wichtig, weil sie sowohl vegetativ als auch willentlich gesteuert wird und dadurch eine bewusste Einflussnahme der Psyche auf das Vegetativum möglich ist.

Auf diesem Gebiet der Geburtsvorbereitung spielt der Orientalische Tanz nur eine untergeordnete Rolle. Er kann das aktive Arbeiten an der Atmung nicht ersetzen. Dennoch ist er in vielerlei Hinsicht beim Erspüren und Regulieren des körpereigenen Atemablaufs hilfreich.

Beim Orientalischen Tanz lernt die Frau, einzelne Muskelgruppen isoliert zu innervieren, u. a. auch die Atemhilfsmuskulatur, das Zwerchfell und die Bauchmuskulatur. Dies erhöht ihre Sensibilität für diese am Atemablauf beteiligten Muskelgruppen und ermöglicht ihr dadurch bei aktiver Hinwendung ein besseres Erspüren und Modulieren des Atemvorgangs.

Zudem ist gerade bei diesem Tanz mit seinen zahlreichen, z. T. recht anstrengenden isolierten Bewegungen eine ruhige, den jeweiligen Bewegungen angepasste Atmung äußerst wichtig, um Muskelkrämpfe in Form von Seitenstechen, schnelle Erschöpfung oder auch Hyperventilation zu

2.4 Atmung und Tanz

vermeiden. Dies gilt besonders für Übungen, bei denen auch die Atemhilfsmuskulatur eingesetzt wird, wie z. B. beim Brustkorbheben und -senken, der Brustkorbwelle oder dem Kamelgang.

Bei der Beschreibung des Zwerchfellflatterns wurde bereits auf Ähnlichkeiten bezüglich der in der Geburtsvorbereitung gelehrten Hechelatmung verwiesen (s. 1.5 und 2.1.7). Es sollte jedoch erwähnt werden, dass die meisten Frauen große Schwierigkeiten beim Erlernen dieser Bauchtanzbewegung haben, und dass viele sie trotz größter Bemühungen gar nicht beherrschen. Deshalb muss nicht gleichermaßen das Gefühl für die Innervation des Zwerchfells fehlen. Oftmals scheitert es nur an der Schnelle der Bewegungsausführung oder an dem Unvermögen, bei geschlossener Stimmritze das Zwerchfell in gleicher Weise zu bewegen wie bei geöffneter, wenn die Luft frei schwingen kann und nicht rhythmisch komprimiert werden muss. Das Erlernen einer schnellen oberflächlichen Hechelatmung hingegen bereitet kaum einer Frau Probleme.

Aber nicht nur bei Tanzbewegungen, die unmittelbar die Atemmuskulatur betreffen, sondern grundsätzlich während des Tanzens ist auf eine ausgeglichene und ruhige Atmung zu achten. Dies gilt besonders bei anstrengenden und schnellen Bewegungen wie Brust- und Hüftshimmies oder dem Hüfttwist. Gerade Anfängerinnen neigen dazu, sich beim Üben zu verkrampfen und die innere Anspannung auf andere Körperteile wie die Hände, die Gesichtsmuskulatur oder die Bauchmuskeln zu übertragen. Auch die Atmung ist davon betroffen. Aus diesem Grund sollte man die Frauen immer wieder auffordern, auf ihre Atmung zu achten, die Luft nicht anzuhalten, nicht zu pressen und nicht zu schnell zu atmen.

Mit steigendem Grad der Körperbeherrschung passt sich auch der Atemablauf optimal dem jeweiligen Bedürfnis nach Sauerstoff an. Die Frau lernt unbewusst, neben all den verschiedenen Isolationsbewegungen auch ihre Atmung unabhängig vom restlichen Körpergeschehen zu regulieren. Dieser Prozess benötigt aber viel Zeit, wofür ohne eine vorausgegangene entsprechende sportliche Betätigung die Dauer einer Schwangerschaft meist nicht ausreicht, zumal aufgrund der Schwangerschaft selbst der Atemvorgang einige Veränderungen durchläuft.

Deshalb stellt ein gezieltes Atemtraining im Geburtsvorbereitungskurs eine unerlässliche somatische und psychische Hilfe für die Gebärende dar – auch für Bauchtänzerinnen mit geschulter Körperwahrnehmung. Selbst wenn sich beim Orientalischen Tanz die Atmung ökonomisch den

2 Möglichkeiten und Grenzen des Orientalischen Tanzes

körperlichen Anstrengungen anpasst, kann dieses System aufgrund der außergewöhnlichen physischen und psychischen Belastung während der Geburt dekompensieren. Dann ist es von großem Vorteil, Mittel erlernt zu haben, um bewusst auf das Körpergeschehen eingehen zu können.

2.5 DIE BEDEUTUNG DER MUSIKAUSWAHL

Tanz und Musik sind untrennbar miteinander verbunden. Tanz bedarf der Musik und wird zugleich von ihr gelenkt. Die musikalische Mindestvoraussetzung ist eine einfache, gesungene oder gespielte Melodie oder ein durch ein Instrument oder Körpergeräusche, wie z. B. Klatschen, vorgegebener Rhythmus.

Um das auditiv Wahrgenommene in körperliche Bewegung umzusetzen und zugleich seine eigenen Empfindungen in die Interpretation einbringen zu können, ist es nötig, den Charakter der Musik zu kennen. Für die schwangere Frau ist zudem wichtig, dass sie diese als angenehm empfindet und sich selbst dabei wohlfühlt. Musik kann unterschiedlichste körperliche und emotionale Reaktionen bewirken, sie kann aggressiv machen und Verspannungen provozieren, eine traurige oder euphorische Stimmung hervorrufen, sie kann beruhigen, entspannen, hypnotisieren oder anregen. Dies ist bei der Auswahl der Musik für das Tanzen mit Schwangeren zu berücksichtigen.

Viele Frauen haben zu Beginn Probleme mit der arabischen Musik, sei es, dass sie sie als unangenehm empfinden, oder dass sie sich nur schwer in die andersartige Struktur einfühlen können. Dies kann sowohl von Vorteil als auch von Nachteil sein. Sylvia Pedersen äußert sich dazu folgendermaßen:»Ich begann, auch in meinen psychotherapeutischen Gruppen den Orientalischen Tanz einzusetzen, mit arabischer Musik zu arbeiten. Kaum ein anderer Tanz bietet soviel Freiheit von starren Bewegungsmustern, so viele individuelle Ausdrucksmöglichkeiten. Daß arabische Musik in europäischen Ohren so fremd klingt, ist für meine Arbeit nur von Vorteil. Es ermöglicht das Loslassen von bekannten Hör- und Bewegungsmustern und Rhythmen und das Einfühlen und Finden von eigenen Bewegungen.«[17]

---

17 Sylvia Pedersen; zit. n.: Dietlinde Bedauia Karkutli 1989. S. 95

2.5 Die Bedeutung der Musikauswahl

Dem ist entgegenzuhalten, dass unangenehme oder extrem fremde auditive Reize auch Irritation, Ablehnung oder eine geistige und körperliche Blockade bewirken können. Es ist daher von großem Nutzen, sich langsam von der europäischen Musikvorstellung an die typisch arabische vorzutasten und das Wesen arabischer Musik in groben Zügen zu erläutern. Oft helfen einfache Erklärungen, um sich in Struktur und Ablauf eines arabischen Musikstückes besser zurechtzufinden. Die meisten Frauen brauchen nur etwas Zeit, um sich einzuhören und an die anders klingende Musik zu gewöhnen. Durch die Umsetzung in den Tanz lernen sie bald, auf die Feinheiten in Melodieführung und Rhythmus zu achten und letztendlich, sich bei der Interpretation der fremdländischen Klänge wohl und sicher zu fühlen.

Die arabische Musik heutzutage ist in vielerlei Hinsicht europäischen Einflüssen unterlegen. In der Besetzung arabischer Orchester findet man typisch europäische Instrumente wie Violine und Akkordeon. Arabische Popmusik hat häufig westliche Musikgattungen wie Rock, Pop oder Techno als Vorbild. Synthesizer, E-Gitarre und Schlagzeug haben bereits ihren Einzug in die orientalische Musik gehalten. Das typische Viertelton-System, die Einstimmigkeit der Melodieführung, die Improvisation innerhalb eines vorgegebenen Melodieschemas und die traditionelle Zusammenstellung der ausführenden Instrumente werden bisweilen aufgegeben – zugunsten pompöser Kompositionen in Anlehnung an die westliche Harmonielehre mit den beiden Modi Dur und Moll. Auch viele Bauchtänzerinnen übernehmen aus diesem Formenreichtum moderner Musik verschiedenste Stücke in ihr Repertoire. Sie tanzen nicht mehr nur zu traditionellen Kompositionen, sondern auch zu Film-, Disco- und spiritueller Musik. Die typischen Instrumente klassischer arabischer Tanzmusik sind:

- *Tabla* (auch *Darabukka* genannt, eine kelchförmige, auf dem Oberschenkel gehaltene Trommel)
- *Daff* (Schellentrommel mit fünf Schellenpaaren)
- *Riqq* (Schellentrommel mit zehn Schellenpaaren)
- *Qanun* (ein mit Plektren an beiden Zeigefingern gespieltes, der Zither ähnliches Saiteninstrument)
- *Nay* (Flöte aus Bambusrohr)
- *Al-Ud* (Kurzhals- bzw. Knickhals-Laute, 5 Saiten, mit das beliebteste arabische Musikinstrument des Mittelalters, über Spanien kam die Laute nach Europa)
- *Tanbur* (Langhals-Laute, 4 Saiten, in der Türkei als *Saz* bekannt)

Abb. 70: Daff

- *Mizmar* (ein in der Volksmusik verwendetes, der Oboe oder Klarinette ähnliches, schrilles Blasinstrument)
- *Kamandscha* (oder manchmal auch *Rabab* genannt, viersaitige Spießgeige, in arabischen Orchestern häufig durch eine europäische Violine ersetzt)
- *Akkordeon* (seit den zwanziger Jahren dieses Jahrhunderts).[18]

Zum *Daff* ist zu sagen, dass er in der Regel nur von Frauen gespielt wird, gelegentlich begleitet sich die Tänzerin damit selbst. Er ist ein sehr altes Instrument – wie die Zimbeln auch – und ist auf vielen altägyptischen, hellenistischen und römischen Darstellungen verschiedener Tanzszenen und Kultzeremonien zu erkennen.

Günter Fleischhauer schreibt dazu: »Das Tympanum [die kleine Rahmentrommel oder Handpauke] war im Orient als Kult- und Tanzinstrument verbreitet, da es eine zentrale Stellung im Kult der Magna mater einnahm. Vom Kult der Kybele drang es in die Kultmusik des Dionysos ein, und im Gefolge beider Kulte erreichte es schließlich italischen Boden, wo es mit griechischen Musikanten und syrischen Tänzerinnen auch im Bühnentanz Verwendung fand. [...] In der Kultmusik des Dionysos und

---

18 vgl. Dietlinde Karkutli 1994. S. 154–156

2.5 Die Bedeutung der Musikauswahl

Abb. 71: *Zimbeln*

der Kybele erklangen seit jeher auch die paarweise benutzten Becken (cymbala), welche die Tänzerinnen [...] in den ausgestreckten Händen schwangen. Mit ihrem hellen, scharfen Klang eigneten sie sich vorzüglich zur Begleitung der Kulttänze der dionysischen Initiationsriten, wie es zum Beispiel ein Gemälde der Villa dei Misteri in Pompeji zeigt«[19] (s. Abb. 77). Beim gleichen Autor ist zu lesen: »Viele ausländische Musiker, Hymnologen, Tänzer und Instrumentalisten erreichten im Gefolge der hellenistisch-römischen Mysterienkulte italischen Boden; ihre Instrumente aber, die den orgiastischen Charakter der fremdländischen Kultmusik bestimmten – Handpauken bzw. Rahmentrommeln, Becken, Klappern, die ›phrygischen Auloi‹ und andere Blasinstrumente –, drangen hier allmählich auch in die Bühnen- und Konzertmusik, die Tanz- und Unterhaltungsmusik ein.«[20]

Das Zimbelspiel ist auch heute noch sehr populär und wird von vielen Tänzerinnen während ihrer Tanzdarbietungen ausgeübt. Die Metallbecken sind etwas kleiner als früher und werden mit Gummis oder Bändern jeweils an Mittelfinger und Daumen beider Hände befestigt.

19 Günter Fleischhauer 1964. S. 82.
20 Ebd. S. 14.

2 Möglichkeiten und Grenzen des Orientalischen Tanzes

Auch ein Trommelsolo gehört zu jeder klassischen Tanzroutine. Es ist ein ungleich intensiveres Erlebnis zu Live-Musik zu tanzen als zu Musik von einem Tonträger. Bei schwangeren Frauen ist hierbei jedoch besondere Vorsicht geboten. Zum einen ist Live-Musik meist erheblich lauter als die Lautstärke, die man gefühlsmäßig über einen Regler einstellen würde, zum anderen versetzen dumpfe Trommelschläge das Zwerchfell in Schwingung und könnten als Reaktion Wehen oder eine Abwehrspannung der Bauchmuskeln auslösen. Ursula Kölsch schreibt darüber in ihrem Bericht »Ins Leben getanzt«: »Als einige Frauen zu trommeln begannen, spürte ich auf angenehme Art starke Bewegungen des Kindes. Ich sonnte mich inmitten der Trommeln, aber später, ab dem siebten Monat mied ich sie, denn sie erschienen mir äußerst wehenfördernd … Trommelmusik von der Kassette mied ich in den Kursen dagegen nicht, aber Kassetten haben nicht die gleiche Wirkung wie Trommeln *live*.«[21]

Dass Kinder im Mutterleib bereits hören können, wird weithin angenommen, doch inwieweit sie durch die Musik, die die Mutter während der Schwangerschaft und der Geburt hört, in ihrer Entwicklung beeinflusst werden, darüber gehen die Meinungen auseinander. Zu diesem Aspekt äußert sich Ursula Kölsch folgendermaßen: »Wenn Miriam einmal unruhig war, half es, sie auf den Arm nehmen und mit ihr zur Musik, die wir während der Schwangerschaft meistens hörten, zu tanzen – Zufall oder Erinnerung – wer weiß? Die Hebamme erwähnte, in einigen Kliniken würden Frühgeborene mit klassischer Musik berieselt, wodurch sie besser gedeihen, sie könne sich daher gut vorstellen, daß unsere Tochter auf Bauchtanzmusik reagiere. Viele Babys werden um die Uhrzeit herum, zu der sie geboren wurden, unruhig. Auch hier half schon das Hören der Musik, die vor und während der Geburt gelaufen war.«[22] Ulrike Hegers schreibt dazu in ihrem Buch über Bauchtanz: »So reagieren Ungeborene auf Rockmusik mit Gestrampel, bei orientalischer Musik beruhigen und entspannen sie sich. Viele Kursteilnehmerinnen bestätigten mir, daß die Musik auch nach der Geburt von ihren Kindern ›bevorzugt‹ wird.«[23]

---

21 Ursula Kölsch: Ins Leben getanzt. in: Aus dem Bauch tanzen 2 (1992). S. 13

22 Ebd. S. 86

23 Ulrike Hegers: Bauchtanz. Frauen finden ihren Rhythmus. 3. Aufl. Düsseldorf: ECON Taschenbuch Verlag 1991. S. 40

2.5 Die Bedeutung der Musikauswahl

***Abb. 72:** Tabla*

Arabische Bauchtanzmusik ist durch ein Wechselspiel zwischen melodischen Instrumentalsolos (auch *Taqsim* oder *Takasim* genannt) und verschiedenen rhythmischen Abschnitten gekennzeichnet. Die Rhythmusart wird meist von der Tabla, manchmal auch vom Riqq bestimmt. Man unterscheidet beim Tablaspielen zwischen tiefen (*dum*) Trommelschlägen (mit der flachen Hand in der Mitte der Membran erzeugt) und hellen (*tak*) (durch Schlagen der Finger auf den Rand der Membran). Die arabische Musik kennt eine wesentlich größere Vielfalt an Rhythmen als die westliche. Für den Orientalischen Tanz haben einige wenige besondere Bedeutung. Eine kurze Auflistung der Namen und Charakteristika einiger der bekanntesten soll genügen, um Interessierten die Möglichkeit zu geben, sich selbständig über Rhythmuslehrbücher oder Tonträger weiterzubilden:
- 2/4-Rhythmen: *Malfouf* (meist gespielt, wenn die Tänzerin auf die Bühne kommt oder diese verlässt) und *Ayoub* (weniger beim Orientalischen Tanz gespielt als beim Derwischtanz)

2 Möglichkeiten und Grenzen des Orientalischen Tanzes

- 4/4-Rhythmen: *Baladi* (auch *Masmoudi-Saghir* genannt, ein ländlicher und sehr traditioneller Rhythmus), *Maqsoum* (ähnlich dem Baladi, es wird nur ein *dum*-Schlag durch ein *tak* ersetzt) und *Saidi* (aus Oberägypten, zu Stocktänzen gespielt)
- 8/4-Rhythmen: *Masmoudi* (auch *Masmoudi-Kabir* genannt, er dient oftmals zur Untermalung eines Taqsims) und *Chiftetelli* (ein sehr ruhiger Rhythmus, der, wie auch der Masmoudi, zu einem Taqsim gespielt wird)
- 6/8-Rhythmus: *Chlas*
- 9/8-Rhythmus *Karshilama* (türkisch).[24]

Aus all dieser Vielfalt, die sich heutzutage hinter dem Begriff arabischer Musik versteckt, von nationalen Unterschieden innerhalb der arabischen Staaten ganz zu schweigen, kann eine Kursleiterin die für das Konzept ihres Kurses jeweils passende Musik auswählen. Sie sollte dabei jedoch stets flexibel sein und auf die Bedürfnisse der Teilnehmerinnen, die von Kurs zu Kurs variieren können, eingehen. Schließlich sollen die Möglichkeiten und Wirkungen des Orientalischen Tanzes durch die Musik nicht gehemmt, sondern positiv beeinflusst werden. Die Musik ist nur ein notwendiges Hilfsmittel, der Orientalische Tanz aber das Mittel zum Zweck.

---

24 eine Notation verschiedener Rhythmen findet man z.B. in: Marta: Anmutig und fit durch Bauchtanz. Niedernhausen/Ts.: Falken-Verlag GmbH 1994. S. 14f

3

Realisierbarkeit des Orientalischen Tanzes in der modernen Geburtsvorbereitung

3.1 INTEGRATIONSMÖGLICHKEITEN DES ORIENTALISCHEN TANZES IN EINEN GEBURTS-VORBEREITUNGSKURS

Die Eingliederung des Orientalischen Tanzes in ein umfassendes Konzept zur Geburtsvorbereitung ist mit zahlreichen nicht unerheblichen Problemen behaftet. Zunächst geht es darum, die Rolle zu definieren, die der Orientalische Tanz dabei spielen soll. Mehrere Alternativen sind denkbar.

Zum einen könnte man versuchen, ihn anstelle des herkömmlichen Gymnastikteils in einen umfassenden Geburtsvorbereitungskurs einzubauen. Die Vorteile liegen darin, dass die Schwangeren in ihrer vertrauten Gruppe bleiben und von einer Geburtsvorbereiterin sowohl theoretisch als auch praktisch unterrichtet werden. Beim Tanzen auftretende Fragen bezüglich Schwangerschaft und Geburt oder eventuelle Bedenken gegenüber bestimmten Bewegungen können direkt im Kurs besprochen werden. Sie können Anstoß sein, auch in anderen Themengebieten der

Geburtsvorbereitung auf den Orientalischen Tanz einzugehen, wie z. B. bei der Schulung der Körperwahrnehmung oder der Erläuterung möglicher Gebärpositionen. Frauen, die sich erstmals, durch die Schwangerschaft inspiriert, dem Orientalischen Tanz zuwenden, sind in einem derart strukturierten Kurs sicher gut aufgehoben.

Die im Kapitel 2 aufgezeigten Möglichkeiten des Orientalischen Tanzes können aber nur zu einem geringen Teil ausgeschöpft werden. Dies liegt einerseits daran, dass Schwangeren, die erst spät mit dem Bauchtanzen beginnen, nur ein eingeschränktes Bewegungsrepertoire zur Verfügung steht (s. 2.2) und andererseits, dass oft Übervorsichtigkeit und Ängstlichkeit eine uneingeschränkte Auseinandersetzung mit dem eigenen Körper behindern. Zudem beginnen herkömmliche Geburtsvorbereitungskurse erst in einem weit fortgeschrittenen Schwangerschaftsstadium – frühestens ab der 25. Schwangerschaftswoche – und umfassen selten mehr als zwölf Termine entsprechend der von der Krankenkasse bezahlten Stundenzahl. Das bedeutet letztendlich, dass neben all den anderen Aufgaben der Geburtsvorbereitung (s. 1) der gymnastische Teil sehr begrenzt ist. Soll in diesen nun der Orientalische Tanz integriert werden, darf mit keiner übermäßigen Wirkung gerechnet werden. Für mehr als ein Hineinschnuppern in die Möglichkeiten dieses Tanzes und ein Auswählen einfacher, in der heutigen Geburtsvorbereitung teilweise bereits bekannter Bewegungen, wie z. B. dem Hüftkreisen, wird die Zeit kaum reichen.

Viele Frauen haben aber gerade zu Beginn der Schwangerschaft das Bedürfnis, sich solange wie möglich fit zu halten und gleichzeitig sich selbst und ihrem Kind etwas Gutes zu tun. Für diese Frauen würde sich eine andere Alternative anbieten, ein während der gesamten Schwangerschaftsdauer angebotener Kurs in Orientalischem Tanz für Schwangere, der gegen Ende der Schwangerschaft durch einen herkömmlichen Geburtsvorbereitungskurs ergänzt werden sollte. Viele Fragen werden sich bis dahin wohl bereits durch Kontakt mit anderen Schwangeren und Gespräche mit der Kursleiterin geklärt haben, dennoch werden bestimmte Aufgaben- und Themenbereiche der modernen Geburtsvorbereitung durch den Orientalischen Tanz nicht oder nur ungenügend abgedeckt. Um beide Kurse so interessant und effektiv wie möglich zu gestalten, wäre eine Absprache zwischen den Leiterinnen des Bauchtanz- und des Geburtsvorbereitungskurses von Vorteil. Am günstigsten wäre es, dieselbe Person würde beide Kurse leiten.

3.1 Integrationsmöglichkeiten des Orientalischen Tanzes

Dabei zeichnet sich bereits eines der größten Probleme bei der Integration des Orientalischen Tanzes in die moderne Geburtsvorbereitung ab: der Mangel an physiotherapeutisch oder medizinisch geschulten Leiterinnen für Kurse in Orientalischem Tanz mit Schwangeren. Vielerorts werden bereits Kurse in Orientalischem Tanz für Schwangere angeboten, aber der Großteil der diese Kurse durchführenden Lehrkräfte hat lediglich ein Laienwissen zum Thema Schwangerschaft und Geburt. Die eigene Erfahrung von Schwangerschaft und Gebären bei gleichzeitig jahrelanger Tanzerfahrung sind für die Durchführung eines solchen Kurses nicht ausreichend. Die Kursleiterin muss neben ihrer fachpraktischen Ausbildung sämtliche Komplikationen und Schwangerschaftserkrankungen kennen sowie didaktisch fortgebildet sein, um präventiv wirksam arbeiten und eine umfassende Betreuung der Schwangeren gewährleisten zu können. Meist wird in diesen Kursen die Verantwortung für ihren Körper allein auf die Schwangere abgewälzt. Die Auswahl an Bewegungen erfolgt vorwiegend intuitiv ohne physiotherapeutischen Aspekt, mit dem Rat an die Schwangere, ihr unangenehme Übungen einfach wegzulassen. Hierbei ist zu bedenken, dass sich eine ungeeignete Bewegung erst zeitlich verzögert durch Schmerzen oder Komplikationen bemerkbar machen kann.

Generell gilt für beide Alternativen, dass sich die Schwangere vor Teilnahme am Kurs erst einer ärztlichen Untersuchung unterziehen sollte, um drohende Gefahren auszuschließen. Dies dient zu ihrer eigenen Sicherheit und Beruhigung und kann im Falle von Komplikationen zur Entlastung der Kursleiterin beitragen. Auch viele herkömmliche Geburtsvorbereitungskurse verlangen von Schwangeren vor der Aufnahme ein ärztliches Attest. Versicherungsrechtliche und juristische Fragen sollten ebenfalls geklärt werden. Es ist empfehlenswert, vor Kursbeginn einen (zivilrechtlichen) Haftungsausschluss schriftlich zu vereinbaren – zum Schutz vor Regressforderungen im Falle eventuell auftretender Komplikationen im Verlauf der Schwangerschaft.

3.2 DIE PROBLEMATIK GEMISCHTER KURSE MIT SCHWANGEREN UND NICHT SCHWANGEREN FRAUEN

Aus Mangel an Teilnehmerinnen werden die Schwangeren häufig zusammen mit Nicht-Schwangeren in einen Kurs aufgenommen. Dagegen ist nichts einzuwenden, falls es sich um Frauen handelt, die seit langem in einer festen Gruppe aktiv sind. Sie sind mit den Bewegungen des Orientalischen Tanzes bestens vertraut, kennen die Grenzen ihrer Belastbarkeit und können auf die Signale ihres Körpers reagieren. Der Rückhalt in der alten Gruppe kann zudem vielfältige positive psychologische Aspekte beinhalten. Trotzdem fühlen sich manche dieser Frauen unsicher, v. a. in der Spätschwangerschaft. Aus Angst vor schädlichen Reaktionen trauen sie sich bestimmte Bewegungen nicht mehr auszuführen. Während ihre Freundinnen wie immer tanzen, entscheiden sie sich öfters dazu, ›nein‹ zu sagen und auszusetzen. Von der Kursleiterin, die der Mehrzahl der Nicht-Schwangeren gerecht werden muss, können sie kaum eine Unterstützung bezüglich einer den Bedürfnissen der Schwangeren angepassten Kursgestaltung erwarten. Deshalb meiden viele in fortgeschrittenen Schwangerschaftsstadien die normalen Kurse für Orientalischen Tanz und tanzen lieber zu Hause allein für sich.

Größere Probleme treten auf, wenn schwangere Frauen in einen gewöhnlichen Anfängerkurs aufgenommen werden. Das Schwangerschaftsstadium spielt hier eine große Rolle. Handelt es sich um ein sehr frühes Stadium, kann es sein, dass die Schwangere auch komplizierte Tanzbewegungen wie Shimmy, Bauchrolle oder Kamelgang ohne Schwierigkeiten erlernt. Letztere Bewegungen setzen allerdings eine gewisse Übung im Orientalischen Tanz voraus und gehören nicht in einen Anfängerkurs. Bei schon fortgeschrittener Schwangerschaft ist bei bestimmten Bewegungen (z. B. Shimmy) zudem Vorsicht geboten. Hierbei lastet die Verantwortung für die Schwangere zum Großteil auf der Kursleiterin. Von einer Teilnehmerin, die noch keine Erfahrungen mit Orientalischem Tanz gemacht hat, darf nicht erwartet werden, dass sie selbständig entscheiden kann, welche Bewegungen für sie geeignet sind und welche nicht. Dazu muss sie diese erst einmal ausprobieren, und hierin liegen bereits Gefahren verborgen. Ein Problem kann auch sein, dass die Schwangere sich durch die Gruppe zu Übungen verleiten lässt, die sie gefühlsmäßig eher meiden würde.

Wer also schwangere Frauen in seine Kurse für Orientalischen Tanz aufnimmt, muss sich seiner besonderen Verantwortung bewusst sein, auch wenn die Schwangere sozusagen auf eigenes Risiko daran teilnimmt. Auf keinen Fall sollte hierfür der Terminus *Bauchtanz für Schwangere* bzw. *Orientalischer Tanz für Schwangere* verwendet werden, da er falsche Assoziationen weckt und wohl eher Profitzwecken dient, als dass er den erwarteten Anforderungen gerecht wird.

3.3 ORIENTALISCHER TANZ ALS MÖGLICHKEIT KÖRPERLICHER BETÄTIGUNG WÄHREND DER GESAMTEN SCHWANGERSCHAFTSDAUER UND DARÜBER HINAUS

Oftmals wird argumentiert, dass es nicht gut ist, wenn sich eine Frau von Anfang an zu sehr auf ihre Schwangerschaft fixiert. Im Falle eines Abgangs wäre dann die psychische Belastung besonders groß. Mit aus diesem Grund werden auch die meisten Geburtsvorbereitungskurse erst ca. drei Monate vor dem errechneten Geburtstermin veranschlagt, wenn sich die Schwangerschaft bereits gefestigt hat. Dennoch läuft ein Bauchtanzkurs für Schwangere in sämtlichen Schwangerschaftsstadien diesem Argument nicht zuwider.

Der Orientalische Tanz in der Geburtsvorbereitung stellt in erster Linie wohl eine Alternative zur herkömmlichen Schwangerschaftsgymnastik dar. Er ist aber nicht wie diese allein auf die Schwangerschaft ausgerichtet, sondern ein generell von Frauen als wohltuend empfundener Sport. Damit die positiven Wirkungen des Orientalischen Tanzes bezüglich Schwangerschaft und Geburt zum Tragen kommen, sollte so früh wie möglich damit begonnen werden. Am stärksten davon profitieren wohl Frauen, die sich bereits vor ihrer Schwangerschaft mit Orientalischem Tanz befassten. Auch zur Ergänzung der Rückbildungsgymnastik ist er bestens geeignet. Dadurch, dass die Teilnahme am Orientalischen Tanz nicht nur auf die Dauer der Schwangerschaft beschränkt ist, wird eine zu starke Fixierung auf das Thema Schwangerschaft vermieden. Ein Umsteigen auf Kurse mit Nicht-Schwangeren ist jederzeit möglich, z. B. im Falle eines oben erwähnten Abgangs. Andererseits ist es auch möglich, in den ersten Monaten der Schwangerschaft den Orientalischen Tanz wie gewohnt im nor-

3 Realisierbarkeit des Orientalischen Tanzes in der modernen Geburtsvorbereitung

Abb. 73: Ute Dietz mit Kursteilnehmerinnen in der Tanz-Bühne Nürnberg. © TANZOriental-Magazin, Eibacher Hauptstraße 6, 90451 Nürnberg

malen Kurs weiter zu betreiben und erst später in einen den besonderen anatomischen Verhältnissen und Bedürfnissen des Körpers angepassten Orientalischen Tanzkurs für Schwangere zu wechseln.

Viele Frauen, die bereits vor der Schwangerschaft eine Sportart aus-übten, behalten diese in den ersten Monaten der Schwangerschaft bei. Mit wachsendem Bauch sehen sie sich dann jedoch zur Aufgabe gezwungen. Dies betrifft viele Breitensportarten wie z. B. das Tennisspielen, Skifah-ren, Reiten, Volleyballspielen oder die Leichtathletik. Der Orientalische Tanz hat gegenüber den meisten Sportarten den Vorteil, dass er durch bestimmte Einschränkungen und Modifikationen während der gesamten Schwangerschaft bis hin zur Geburt ausgeübt werden kann.

Es haben aber auch etliche Schwangere Angst davor, sich falsch zu verhalten und ihre Schwangerschaft zu gefährden. Sie meiden daher jeden Sport. Diesen Frauen würde ein Gymnastikkurs sehr entgegenkommen, der ihren aktuellen körperlichen und seelischen Zustand berücksichtigt. Mit dem Wissen, von einer fachkundigen Kursleiterin betreut zu werden, könnten sie ihrem Körper wieder mehr Vertrauen entgegenbringen und Freude an der Bewegung finden. Schwangerschaft ist nun einmal ein Vorgang, der sich nicht verleugnen lässt. Die Frau muss lernen, psychisch und physisch damit umzugehen – auch angesichts einer erhöhten Abort-rate in den ersten Monaten.

3.4 MÖGLICHE UND NÖTIGE QUALIFIKATIONEN DER KURSLEITERIN

Das größte Problem bei der Realisierung derartiger auf die Bedürfnisse der Schwangerschaft ausgerichteter Kurse für Orientalischen Tanz ist der bereits vorweg beschriebene Mangel an fachkundigen Leiterinnen (s. 3.1). Da es keine geregelte und bundesweit einheitliche Ausbildung zur Lehre-rin für Orientalischen Tanz gibt, ist folglich auch keine Weiterbildung zur Kursleiterin für Schwangere möglich. Es liegt immer noch in der Hand jeder einzelnen Frau, sich privat die nötigen Qualifikationen zu beschaf-fen. Aber auch darüber gibt es keine allgemein verbindlichen Vorstellun-gen. Die optimale Lösung wäre wohl eine in der Geburtsvorbereitung aktive Physiotherapeutin oder Hebamme, die sich in Orientalischem Tanz fortgebildet hat und aufgrund ihrer Ausbildung imstande ist, den Tanz ent-

3 Realisierbarkeit des Orientalischen Tanzes in der modernen Geburtsvorbereitung

sprechend den Bedürfnissen der Schwangerschaft zu modifizieren. Soll der Orientalische Tanz in einen umfassenden Geburtsvorbereitungskurs integriert werden, ist dies die einzig akzeptable Lösung.

Betrachtet man den Kurs für Orientalischen Tanz hingegen als vorwiegend gymnastische Ergänzung zum herkömmlichen Geburtsvorbereitungskurs, wäre noch eine andere Möglichkeit denkbar: eine im Unterrichten erfahrene Lehrerin für Orientalischen Tanz, die sich in Zusammenarbeit mit PhysiotherapeutInnen und Hebammen in der Geburtshilfe weitergebildet oder über die Gesellschaft für Geburtsvorbereitung (GfG) e.V.[25] eine Ausbildung zur Geburtsvorbereiterin absolviert hat.

Derzeit werden in Deutschland und der Schweiz in verschiedenen Tanzstudios Ausbildungsprojekte zur Lehrerin für Orientalischen Tanz angeboten. Die Inhalte, die Zeitdauer sowie die Kosten dafür variieren sehr. Einige befassen sich auch mit dem Thema Orientalischer Tanz und Schwangerschaft, das mit den dafür meist vorgesehenen ein bis zwei Tagen aber nur gestreift werden kann. Seit kurzem bietet der Bundesverband für Orientalischen Tanz e.V. (http://www.bv-orienttanz.de) einen zweistufigen Ausbildungsgang zur Lehrerin für Orientalischen Tanz an, mit Erteilung eines Zertifikats nach bestandener Abschlussprüfung.

Eine Lehrerin für Orientalischen Tanz sollte für den Fall, eine schwangere Frau im Kurs zu haben, über das nötige Wissen bezüglich schwangerschaftsspezifischer Veränderungen und der Wirkung typischer Bauchtanzfiguren verfügen. Will sie sich allein für diesen Fall weiterbilden – ohne die Intention, speziell Schwangere zu unterrichten – mag eine knappe Schulung durch bereits auf diesem Gebiet tätige und geburtshilflich qualifizierte Lehrerinnen oder die eben erwähnte Ausbildung zur Lehrerin für Orientalischen Tanz ausreichend sein. Eine jede Lehrerin für Orientalischen Tanz sollte zudem über gewisse Grundkenntnisse in Anatomie und Bewegungslehre verfügen. Plant sie jedoch einen gesonderten Kurs für Schwangere, darf sie die Mühen einer umfassenden Ausbildung auf dem Sektor der Geburtsvorbereitung nicht scheuen. Hier wäre eine Zusammenarbeit mit den Verbänden der PhysiotherapeutInnen und Hebammen wünschenswert. Wer intensiv mit Schwangeren arbeiten will, begibt sich auf geburtshilfliches Territorium und sollte sich auch auf diesem Gebiet

---

25 Anschrift: Gesellschaft für Geburtsvorbereitung, Familienbegleitung und Frauengesundheit (GfG) e.V., Postfach 220106, 40608 Düsseldorf, Tel.: 0211/252607

3.4 Mögliche und nötige Qualifikationen der Kursleiterin

umfassend weitergebildet haben, um den Bedürfnissen und Fragen der Schwangeren gerecht werden zu können.

Einige wenige in der Geburtshilfe tätige Frauen, Physiotherapeutinnen und Hebammen haben ihre Liebe zum Orientalischen Tanz bereits mit ihrem Beruf in Einklang gebracht und eigene Konzepte zur Arbeit mit Schwangeren entworfen. Auch einige Lehrerinnen für Orientalischen Tanz haben sich in Zusammenarbeit mit geschulten Kräften intensiv mit der Geburtsvorbereitung beschäftigt. Sie bieten in Schulen/Studios für Orientalischen Tanz, Praxen oder Krankenhäusern Kurse in Orientalischem Tanz für Schwangere an. Manche veranstalten Fortbildungskurse sowohl für Lehrerinnen für Orientalischen Tanz, als auch für Hebammen, Physiotherapeutinnen und GynäkologInnen, um sie mit den Möglichkeiten des Orientalischen Tanzes in Bezug auf Schwangerschaft und Geburt sowie den Zielen ihres Kurses vertraut zu machen.[26]

Die meisten Kurse in Orientalischem Tanz für Schwangere beinhalten u. a. das Üben günstiger Bewegungen für die Geburt und propagieren somit besonders vertikale Gebärhaltungen. Den Frauen werden Wege gezeigt, ihre Schmerzen aktiv zu verarbeiten. Ihr geschultes Körperbewusstsein soll ihnen helfen, die jeweils günstigste Position zu finden – stehend, sitzend, hockend, an den Partner gehängt oder auch liegend. Allein um Frustration und Missverständnisse während der Geburt zu vermeiden, ist eine enge Zusammenarbeit mit dem Klinikpersonal wünschenswert.

Für eine erfahrene Bauchtanzlehrerin ist es relativ schwierig und aufwendig, sich die nötigen Qualifikationen im Umgang mit Schwangeren zu verschaffen. Ihr stehen keine vergleichbaren Weiterbildungsmöglichkeiten zur Verfügung wie für Physiotherapeutinnen und Hebammen im Orientalischen Tanz. Außer den oben erwähnten Ausbildungsprojekten und Fortbildungsveranstaltungen bleibt ihr im Grunde nur das Eigenstudium oder die Ausbildung zur Geburtsvorbereiterin. Eine am Thema Ori-

---

26 an dieser Stelle soll auf zwei Kontaktadressen verwiesen werden:
1. Ruth Nuria Macia, Physiotherapeutin und Tänzerin, die sowohl Kurse in Orientalischem Tanz für Schwangere anbietet, als auch Fortbildungsveranstaltungen für Physiotherapeuten, Hebammen und Gynäkolog/Innen. Adresse: Studio Scherasade, Stromstraße 38, 10551 Berlin. Tel.: 030/3967836.
2. Gaby Mardshana Oeftering, Pädagogin und Tänzerin, die zum Thema Bauchtanz und Schwangerschaft einen Videofilm veröffentlichte. Ihre Kenntnisse auf dem Gebiet der Geburtsvorbereitung hat sie durch Eigenstudium erworben. Seit sechs Jahren bietet sie Fortbildungsveranstaltungen für Bauchtanzlehrerinnen, Hebammen und Geburtsvorbereiterinnen zum Thema »Geburtsvorbereitung durch Bauchtanz« an und hält Vorträge an verschiedenen Hebammenschulen. Adresse: Ringstraße 42, 79108 Freiburg. Tel.+Fax: 07665/40782.

3 Realisierbarkeit des Orientalischen Tanzes in der modernen Geburtsvorbereitung

entalischer Tanz interessierte Physiotherapeutin, Hebamme oder Geburtsvorbereiterin hat hingegen fast überall in Deutschland die Möglichkeit, einen Kurs für Orientalischen Tanz zu besuchen. Sicherlich gibt es keine Garantie für die Qualität des Unterrichts. Das Weiterbildungsangebot in Orientalischem Tanz ist aber mittlerweile so umfangreich und vielfältig, dass es ohne übermäßigen Aufwand möglich sein sollte, an qualitativ hochwertigem Unterricht auf Workshops, in renommierten Studios oder bei Veranstaltungen zu partizipieren. Informationen über aktuelle Kursangebote, Veranstaltungen, Workshops usw. bieten u. a. verschiedene Zeitschriften für Orientalischen Tanz, der Bundesverband für Orientalischen Tanz e.V. (Sitz in Heidelberg), Veranstaltungskalender der Volkshochschulen oder Programmhefte regionaler Studios/Schulen für Orientalischen Tanz.

Eine allgemein akzeptable Lösung hinsichtlich der Qualifikation der Kursleiterin ist zumindest momentan noch nicht in Sicht. So wird es wohl weiterhin dem Ermessen und Verantwortungsgefühl der einzelnen Lehrerin überlassen bleiben, inwieweit sie sich individuell im Umgang mit Schwangeren fortbildet. Solange sie keine ausreichende Qualifikation auf geburtshilflichem Sektor vorweisen kann, sollte sie allerdings keinen als *Orientalischer Tanz für Schwangere* gesondert ausgeschriebenen Kurs leiten. Einige Lehrerinnen meinen, die eigenen Erfahrungen von Schwangerschaft und Geburt würden sie zur Arbeit mit anderen Schwangeren ausreichend qualifizieren. Vor diesem Irrglauben soll gewarnt sein! Die schwangere Frau – insbesondere wenn sie sich erstmals mit Orientalischem Tanz befasst – sollte sich deshalb zu ihrer eigenen Sicherheit genau über die Ausbildung der Lehrerin informieren, bevor sie einen derartigen Kurs besucht.

3.5 INHALTLICHE UND ORGANISATORISCHE ANFORDERUNGEN AN EINEN KURS IN ORIENTALISCHEM TANZ FÜR SCHWANGERE

Zuletzt bleibt noch zu diskutieren, wie ein gesondert für schwangere Frauen angebotener Kurs in Orientalischem Tanz gestaltet sein sollte. Bezüglich der Kursorganisation sind ähnlich der herkömmlichen Geburtsvorbereitung zwei Varianten denkbar:

3.5 Inhaltliche und organisatorische Anforderungen an einen Kurs

- ein offener Kurs, in dem die Frauen ständig wechseln und sich in unterschiedlichen Schwangerschaftswochen befinden, oder
- ein geschlossener Kurs, den alle Frauen gleichzeitig beginnen und bis zum Ende ihrer Schwangerschaft hin besuchen. Von Vorteil ist hier die Vertrautheit und das Zusammengehörigkeitsgefühl in der Gruppe. Diese Kursform ist vor allem dann zu bevorzugen, wenn der Orientalische Tanz in einen umfassenden Geburtsvorbereitungskurs integriert werden soll.

Soll der Orientalische Tanz separat zum herkömmlichen Geburtsvorbereitungskurs angeboten werden – als Möglichkeit einer sportlichen Betätigung während der gesamten Schwangerschaft –, sind aufgrund mangelnder Teilnehmerzahlen meist nur offene Kurse praktikabel.

Die Ausarbeitung eines Kurskonzeptes bleibt letztendlich der Kursleiterin überlassen, die je nach Ausbildung und Interesse ihre Schwerpunkte setzen wird. Wie bei den herkömmlichen Geburtsvorbereitungskursen auch, sollten von der Schwangeren zu Beginn des Kurses neben den Personalien auch die Schwangerschaftswoche, der errechnete Geburtstermin und eventuelle Beschwerden erfasst werden. Es ist darauf zu achten, dass die Räumlichkeiten, in denen der Kurs stattfindet, sauber, hell und nicht zu klein sind. Matten, Decken, Pezzibälle oder andere Hilfsgeräte, die den Frauen zur Verfügung stehen, müssen regelmäßig gereinigt werden.[27] Pro Kurs sollten nicht mehr als 10 bis 15 Schwangere teilnehmen. Was die Zeitdauer betrifft, wären eine bis eineinhalb Stunden bei ein bis zwei Kursterminen pro Woche sinnvoll.

Inhaltlich lassen sich an einen Kurs in Orientalischem Tanz für Schwangere folgende Anforderungen stellen: Am Anfang eines jeden Kurstermins sollte – wie beim herkömmlichen Orientalischen Tanz auch – ein Aufwärmprogramm stehen. Hier bietet sich eine Auswahl an Übungen aus der Schwangerschaftsgymnastik, dem Schwangeren-Yoga und der Rückengymnastik an. Gezielte Übungen zur Rückstromförderung des Blutes aus den Extremitäten und zur Dehnung verschiedener Körperpartien können die Wirkungen des Orientalischen Tanzes optimal ergänzen. Während des Kurses sollten genügend Ruhepausen eingelegt werden, die man für Gespräche nutzen kann. Die Schwangeren sollten die Gelegenheit haben, Bewegungen des Oberkörpers, der Arme oder Hände auch im Sitzen, z. B. auf einem

---

27 vgl. Physiotherapie. Hg. v. Antje Hüter-Becker. Bd. 8. Stuttgart New York: Thieme 2000. S. 110f

3 Realisierbarkeit des Orientalischen Tanzes in der modernen Geburtsvorbereitung

Pezziball, üben zu können. Sie sollten nicht nur der Lehrerin *nachtanzen*, sondern einen Teil der Stunde auch selbst kreativ sein und durch aktive eigenständige Beschäftigung mit ihrem Körper ihren individuellen Tanzstil entwickeln. Dies trägt wesentlich zur Verbesserung des Körperbewusstseins bei und ist ein entscheidender Punkt, worin sich der Orientalische Tanz von der schematisch vorgegebenen, immer gleich ausgeführten Schwangerschaftsgymnastik unterscheidet.

Das Beachten der richtigen Atmung spielt im Kurs mit Schwangeren eine besondere Rolle. Dabei geht es vor allem um die Anpassung der Atmung an verschiedene Bewegungen. Das Einüben spezieller Atemschemata für die Geburt bleibt dem Geburtsvorbereitungskurs vorbehalten. Am Ende der Stunde bieten sich Entspannungsübungen an, einerseits zur Lockerung der beanspruchten Muskulatur, andererseits zur Schulung der Körperwahrnehmung und bewussten Einflussnahme auf die Körpervorgänge. Das Beherrschen von Entspannungstechniken ist nicht nur während der Geburt, sondern auch für die Schwangerschaft sehr wohltuend, und mit dem Erlernen kann im Grunde nicht früh genug begonnen werden.

Aus Mangel an Teilnehmerinnen und organisatorischen Gründen dürften verschiedene Kurse für Orientalischen Tanz für Frauen in unterschiedlichen Schwangerschaftsstadien wohl eine Utopie bleiben. Dies ist nicht unbedingt von Nachteil. Ein Kurs für Schwangere ist nicht darauf ausgerichtet, ein möglichst großes Spektrum an Bewegungen und hohes Leistungsniveau zu vermitteln. Deshalb werden sich für Frauen, die schon länger im Kurs sind, die meisten Bewegungen wiederholen. Gerade dies ist aber auch sehr wichtig, denn erstens schreitet die Schwangerschaft und damit verbunden die körperlichen Veränderungen stetig voran, wodurch sich das Gefühl für eine Bewegung verändert. Zweitens kann ein Trainingseffekt nur durch häufiges Ausüben einer Bewegung erreicht werden. Die Kursleiterin muss bei dieser offenen Kursform allerdings stets das unterschiedliche Können sowie die verschiedenen Schwangerschaftsstadien, Wünsche und Bedürfnisse der Frauen im Kurs berücksichtigen. Der Vorteil dieser Kursform ist, dass Frauen in unterschiedlichsten Schwangerschaftsstadien ihre Erfahrungen austauschen und über Emotionen und Gedanken berichten können. Als Nachteil ist der kontinuierliche Wechsel der Teilnehmerinnen zu werten, der die Entstehung eines Gruppengefühls beeinträchtigt. Eine Lösung hierfür wäre z. B. eine Beschränkung auf vier

3.5 Inhaltliche und organisatorische Anforderungen an einen Kurs

bis sechs Eintrittstermine im Jahr. Allerdings dürfte die Zahl der Ein- und Austritte bei einer Gruppengröße von zehn bis 15 Teilnehmerinnen und einer Kursdauer über den gesamten Schwangerschaftszeitraum nicht allzu groß sein. Grundsätzlich sollte es einer Frau zu jedem Zeitpunkt ihrer Schwangerschaft möglich sein, in einen Orientalischen Tanzkurs für Schwangere einzusteigen, wenn auch ein früher Beginn ab etwa dem dritten Monat bei normal verlaufender Schwangerschaft von Vorteil wäre. Zuvor haben viele Frauen aufgrund der hormonellen und stoffwechselbedingten Umstellung des Körpers wenig Lust zu intensiver körperlicher Betätigung. Manche Frauen halten sich anfangs auch mit der Bekanntgabe ihrer Schwangerschaft aufgrund der bereits erwähnten Angst vor einem möglichen Abgang zurück (s. 3.3) und werden demnach auch keinen speziell für Schwangere ausgelegten Kurs besuchen.

Falls mehrere Kurse aufgrund reger Nachfrage parallel laufen sollten, ist nicht unbedingt das Schwangerschaftsstadium, sondern eher das Können der Teilnehmerin relevantes Kriterium für die Kurseinteilung. In einem solchen Fall empfiehlt es sich, Kurse für Anfängerinnen und Fortgeschrittene anzubieten. Beides wären von der Gestaltung her offene Kurse. Die große Verantwortung und Aufgabe der Kursleiterin liegt darin, die unterschiedlichen anatomischen und physiologischen Voraussetzungen der sich in verschiedenen Schwangerschaftsstadien befindlichen Frauen bei der Erklärung von Bewegungen und der Beobachtung der richtigen Ausführung zu berücksichtigen. Dies verdeutlicht wiederum die Notwendigkeit einer qualifizierten Lehrerin, um der besonderen Verantwortung einer Kursleiterin gegenüber der Schwangeren und ihrem ungeborenen Kind und nicht zuletzt dem Orientalischen Tanz mit seinen zahlreichen positiven Aspekten gerecht zu werden.

Ein Patentrezept für einen Kurs in Orientalischem Tanz mit Schwangeren kann es nicht geben. Zu viele organisatorische, soziale, geographische und nicht zuletzt individuelle Faktoren beeinflussen die mögliche Integration des Orientalischen Tanzes in die Geburtsvorbereitung. Der Orientalische Tanz kann durchaus eine Bereicherung für viele Aufgabengebiete der Geburtsvorbereitung darstellen, wenngleich es eine Vielfalt an Problemen bei der Realisierung zu überwinden gilt. Hierin liegt die große Herausforderung für alle auf diesem Gebiet engagierten Frauen.

4

Historische Bezüge

Immer wieder wird in Zeitschriften und Büchern der Orientalische Tanz als der älteste Tanz der Welt beschrieben. Man sollte diese Aussage etwas relativieren und lieber von einem der ältesten Tänze der Menschheit sprechen, wenn man seine ursprüngliche Form als Fruchtbarkeitstanz mit in Betracht zieht. Vergleichbare Tänze mit vorwiegend hüftbetonten Bewegungen existierten in vielen verschiedenen Teilen der Erde. Bei einigen Völkern verschwanden sie im Laufe des Zivilisationsprozesses, andernorts wurden sie in abgewandelter Form und zum Teil in einem anderen kulturellen Kontext bis in die Gegenwart bewahrt, wie beispielsweise der Hula auf Hawai[28], die ›Maori-Tänze‹ der Bewohner Rarotongas (eine heute unabhängige Insel im Südpazifik, die zu den Cookinseln gezählt wird und früher zu Neuseeland gehörte) oder der Orientalische Bauchtanz[29].

Um verstehen zu können, warum gerade dieser sich heute in Europa so großer Beliebtheit erfreut, ist es nötig, sich mit seiner Geschichte auseinanderzusetzen. Die Quellen sind dabei unterschiedlichster Art. Sie reichen von alten Höhlen- und Grabmalereien über historische Dokumente und Reiseberichte bis hin zu mündlichen Überlieferungen. Wie schwer es ist, derartige Funde zu interpretieren und wie uneinig sich in manchen Punkten selbst die Wissenschaftler sind, sollen die verschiedenen Interpretationen einer altägyptischen Wandmalerei in einem thebanischen Grab aus der 18. Dynastie, um 1400 v. Chr., belegen.

28   Gerald Jonas 1993. S. 12–22
29   vgl. ebd. S. 108–120

4 Historische Bezüge

Fritz Weege schreibt dazu 1926: »Einen Tanz bei einem Gastmahle aus der Zeit des neuen Reiches (18. Dynastie) zeigt besonders schön ein jetzt in London befindliches Wandgemälde aus einem Grabe bei Theben, das künstlerisch zu den vollendetsten seiner Art gehört. In der oberen Reihe sitzen vornehme Damen und Herren auf Stühlen nach links gewendet, vor der vordersten steht ein an Hals und Armen reich mit Schmuckstücken behängtes Mädchen, das bis auf einen schmalen Gürtel ganz nackt ist, also eine Tänzerin.

In dem unteren Abschnitte sitzen in der Mitte mit graziöser Neigung des Kopfes zwei Musikantinnen, [...]. Zwei andere klatschen mit den Händen den Takt zum Tanze zweier nackter Mädchen, die einen, wie es scheint, pantomimischen Tanz ausführen, wobei die eine mit erhobenen Armen, zusammengefalteten Händen und geneigtem Haupte die Bewegung einer zum Tauchen sich Anschickenden macht, [...], während die andere sich bückt und die Hände hält, etwa wie wenn man aus einer Quelle einen Wasserstrahl aufzufangen sich bemüht.«[30]

Die Ägyptologin Emma Brunner-Traut äußert sich 1938 über dasselbe Wandgemälde: »Kaum kann sich eine Tanzszene an Schönheit messen mit der des Bruchstückes Nr. 37984 im Britischen Museum [...]. Noch deutlich läßt sich erkennen, daß ein üppiges Gastmahl veranstaltet wurde, an dem hübsche Dienerinnen die Gäste reichlich bewirteten. An keinem Genuß sollte es fehlen, deshalb hat der Gastgeber zur Erheiterung der Gesellschaft die schönsten Tänzerinnen und Sängerinnen der Residenz kommen lassen, damit sie ihre Künste vorführen mochten. Eines der am Boden sitzenden Mädchen greift in Kreuzhaltung die Doppeloboe, zwei klatschen und singen zusammen mit dem letzten der erhaltenen ein heiteres Lied zum Preise der Überschwemmung. [...] Ihre Musik und ihr Gesang begleiten den kunstvollen Tanz zweier behender Mädchen, deren jugendlich schöner Körper unverhüllt ist. Nur den Perlengürtel tragen sie um die Hüften, ein breites Stirnband, Hals- und Armschmuck. Mit schlanken, zierlich bewegten Gliedern tanzen sie außerordentlich expressiv einen Figurentanz, ungehemmt durch Musikinstrumente.«[31]

---

30 Fritz Weege: Der Tanz in der Antike. Halle: Max Niemeyer Verlag 1926. S. 27f

31 Emma Brunner-Traut: Der Tanz im alten Ägypten nach bildlichen und inschriftlichen Zeugnissen. Hg. v. Hanns Stock. 2. Aufl. Glückstadt-Hamburg-New York: J.J.Augustin Verlag 1958 (= Ägyptologische Forschungen. Heft 6). S. 66

4 Historische Bezüge

Abb. 74: Unterhaltungs- und Gesellschaftsmusik. Wandmalerei aus der thebanischen Nekropole. XVIII. Dynastie (1425–1375 v. Chr.). British Museum, Nr. 37948.
Aus: Hickmann, Hans: Ägypten. Hg. v. Heinrich Besseler und Max Schneider. 2. Aufl. Leipzig: VEB Deutscher Verlag für Musik 1975 (Musikgeschichte in Bildern. Bd. II: Musik des Altertums. Lieferung 1). S. 67

Das Kapitel – mit der Überschrift »DER SCHÖNE TANZ BEIM GASTMAHL«[32] – endet mit dem Satz: »Kein ernsthafter Betrachter dürfte in den oben charakterisierten Tänzen den Vorläufer zu dem bis heute bei derartigen Festen im Orient üblichen Bauchtanz sehen.«[33]

Und zuletzt noch die Beschreibung von Hans Hickmann aus dem Jahre 1961: »Auch die Musikantinnen tragen Parfümkegel auf den Köpfen. Drei der Frauen singen offenbar das Lied, dessen Anfangstext uns durch die Beischrift mitgeteilt wird. Zwei klatschen dazu in die Hände, die dritte auf den Schenkel. Die vierte (in seltener en-face-Darstellung) spielt die Doppeloboe. [...] Die jungen Mädchen rechts im Bild führen tänzerische Bewegungen aus, die wir beim augenblicklichen Stand der Forschung als Gesten

---

32 Ebd. S. 61
33 Ebd. S. 68

4 Historische Bezüge

identifizieren müssen, die zum Orientalischen Bauchtanz gehören. Der hier also zum ersten Male belegte Bauchtanz, ursprünglich ein alter Fruchtbarkeitsritus und erst sehr viel später zum solistischen, stark erotisch betonten Kunsttanz entwertet, besteht nicht nur aus ruckartigen, von den Bauchmuskeln dirigierten Bewegungen und Kontraktionen des Unterleibes, sondern auch aus mahlenden Hüftbewegungen, wobei sich die Tänzerin entweder nach hinten oder wie hier nach vorn neigt, endlich auch aus Knack- und Schnalzgeräuschen der Finger bei zusammengelegten Händen, wie sie die im Vordergrund befindliche Tänzerin ausführt. Erst später verwendet man bei derartigen Tänzen die heute allgemein benutzten Metallkastagnetten beziehungsweise Kleinbecken, die im Neuen Reich noch unbekannt waren. [...] Der beigeschriebene Liedtext handelt von der Fruchtbarkeit durch das Wasser und der alljährlichen Nilüberschwemmung, dem Neujahrsfest der Ägypter. Diese Tatsache bestärkt uns in unserer Interpretation der Tanzszene als Bauch- und Gesäßtanz im ursprünglichen Sinne eines Fruchtbarkeitsritus.«[34]

Dies soll beweisen, dass jede Interpretation alter Quellen zu einem gewissen Grade spekulativ ist. Das gilt ganz besonders für den Tanz als Kunstform des Augenblicks, dessen Ablauf wir uns nur aus der Zusammensetzung verschiedener überlieferter Posen ungefähr rekonstruieren können. Zudem spielen auch zeitgeschichtliche und gesellschaftliche Faktoren sowie der aktuelle Stand der Wissenschaft eine nicht unerhebliche Rolle. So mag es nicht verwundern, dass Hans Hickmann zu einer fast gegensätzlichen Deutung der in der Grabmalerei dargestellten Szene gelangt wie Emma Brunner-Traut zuvor. Eine exakte Erörterung aller den Orientalischen Tanz betreffenden historischen Quellen und Ereignisse würde den Rahmen dieser Arbeit sprengen und am Thema vorbeiführen. Aus diesem Grund werden bei der Darstellung des geschichtlichen Verlaufs nur die wichtigsten Geschehnisse berücksichtigt. Ein zentraler Aspekt ist hierbei die enge Verbindung zwischen dem Tanz und der weiblichen Sexualität und Fruchtbarkeit.

---

34 Hans Hickmann: Ägypten. Hg. v. Heinrich Besseler und Max Schneider. 2. Aufl. Leipzig: VEB Deutscher Verlag Musik 1975 (= Musikgeschichte in Bildern. Bd. II: Musik des Altertums. Lieferung 1). S. 66

4.1 DIE URSPRÜNGE DES ORIENTALISCHEN TANZES UND SEINE MULTIKULTURELLEN EINFLÜSSE

Die Vorstellung, wie die Urform des heutigen Orientalischen Tanzes einmal aussah, wird wohl immer spekulativ bleiben. Prähistorische Höhlenmalereien in Schwarzafrika, Frauenskulpturen aus unterschiedlichster Zeit, die man von Indien bis Spanien fand, altägyptische Steinreliefs oder römische Fresken zeigen Szenen eines Tanzes, dessen eindeutigstes Merkmal ausladende Bewegungen der Hüfte zu sein scheinen. In der Tat findet man derartige hüftbetonte Tänze über die gesamte Welt verstreut, so auch bei den ›Maori‹-Frauen auf Rarotonga, in der Südsee, auf Hawai, in Griechenland und auf dem gesamten afrikanischen Kontinent.

In seinem Buch *Eine Weltgeschichte des Tanzes* schreibt Curt Sachs über den Bauchtanz, den er sowohl bei der Erläuterung der ›körperbewussten engbewegten Tänze‹, als auch der ›abgeschwächten Krampftänze‹ anführt, Folgendes: »Das Beckenrollen, wie es in diesem Tanze vorkommt, wird besonders wichtig. Denn als Sitz aller Geschlechts- und Gebärtätigkeit bekommt der Unterleib, tänzerisch nachdrücklich betont, einen Bedeutungsakzent von besonderer Stärke. Diese Betonung nennen wir, wenn auch nicht immer zu Recht, Bauchtanz. Der Bauchtanz ist freilich keine einheitliche Erscheinung. Die jüngere Form – Wellenbewegungen des *Rectus abdominis* – wurde schon besprochen. Die ältere Form besteht aus mahlenden Bewegungen des ganzen Beckens, so daß die Reisenden bald von Bauch-, bald von Gesäß- oder Hüftentänzen reden. Die Karolineninseln Namoluk und Tuk, der Sepikstrom auf Neuguinea, die Shortlandinseln des Salomonarchipels und Ostpolynesien mögen die Südseebeispiele geben. Die übrigen gehören nach Afrika – von der Nordküste bis Loango im Westen und Zanzibar im Osten – und auch im alten Hellas kommt dergleichen vor. So gut wie ausschließlich sind die Tänzer Frauen. Vielfach mögen diese Künste nur den Sinn geschlechtlicher Anregung haben. Der ursprüngliche Zweck aber ist magisch: die Koitusbewegungen – wie alle andern geschlechtlichen Motive – fördern Leben und Wachstum.«[35]

---

35 Curt Sachs: Eine Weltgeschichte des Tanzes. Nachdruck der Ausgabe Berlin 1933. Hildesheim – New York: Georg Olms Verlag 1976. S. 25

4 Historische Bezüge

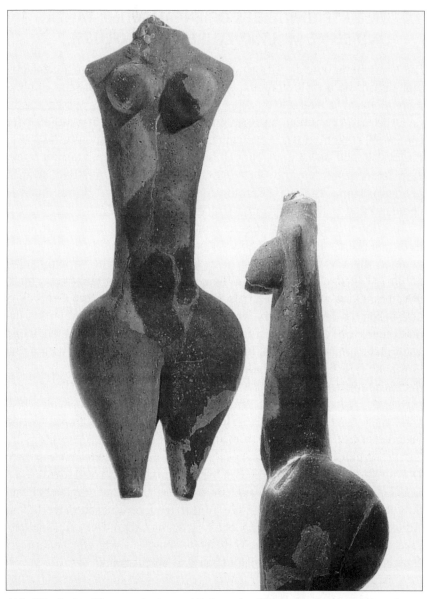

Abb. 75: *»Lady of Se« aus der Lengyel-Kultur mit schön geschwungenem Rumpf und wohlgeformten Brüsten. Se in der Nähe von Vas, Szombately, Ungarn; um 5000 v. Chr. (Höhe 21,3 cm). Aus: Gimbutas, Marija: Die Sprache der Göttin. Das verschüttete Symbolsystem der westlichen Zivilisation. Zweitausendeins. S.34*

4.1 Die Ursprünge des Orientalischen Tanzes und seine multikulturellen Einflüsse

Die Wurzeln all dieser Stimulations- und Fruchtbarkeitstänze liegen in den Naturreligionen vergangener Zeiten, als die Menschen die Natur im Tanz imitierten, um die Götter, welche die Naturgewalten verkörperten, milde zu stimmen. Die Fruchtbarkeit der Frau und die der Erde standen in engem Zusammenhang. Aus diesem Grund entwickelte sich bei vielen Völkern auch ein Göttinnenkult, der, aufgrund der Gebärfähigkeit der Frau, einen weiblichen Schöpfer propagierte – die Göttin als Lebensspenderin. Man fand Frauenfiguren, von denen manche älter als 50.000 Jahre geschätzt werden. Sie zeigen breite Hüften, große Busen und dicke Oberschenkel, die Arme sind häufig erhoben.[36]

4.1.1 Tanz im Ägyptischen Reich

In der Hochkultur Ägyptens entwickelte sich erstmals eine von der Religion getrennte und zum Selbstzweck erhobene Kunst, die auch den Tanz implizierte. Wurde dieser in früheren Gemeinschaften als Bestandteil religiöser Riten von allen gemeinsam aufgeführt, so bildete sich nun neben der Berufsgruppe der Tempeltänzer auch die der profanen Tänzer. Ihre Aufgabe war es, die vornehme Gesellschaft auf anspruchsvolle und ästhetische Weise zu unterhalten. Oftmals waren Tänzerinnen zugleich Musikerinnen, Sängerinnen und Akrobatinnen. Auf vielen Abbildungen werden sie entweder nackt oder nur spärlich bekleidet, teils mit einem durchsichtigen Gazeschleier, teils mit einem schmalen Hüftgürtel dargestellt. Dies machte eine besondere Körperpflege und Kosmetik nötig, die von Frauen der ägyptischen Oberschicht sehr ernst genommen wurde.

Im Ägyptischen Reich spielte der Tanz eine sehr große Rolle. Es existierten Tänze zu den verschiedensten religiösen (Tänze zur Ehrung der Götter, Tänze bei Beerdigungen, Astral- oder Fruchtbarkeitstänze) und gesellschaftlichen (Tänze am Hof und im Harem, Tänze beim Gastmahl) Anlässen. Eine besondere Stellung hatten die sogenannten Tanzzwerge inne. Auch der ägyptische Tanzgott Bes ist eine Zwerggestalt. Zahlreiche Pygmäen aus Zentralafrika wurden an den ägyptischen Hof geholt. Der ägyptische Schautanz war jedoch nicht nur afrikanischen Einflüssen unterlegen, man schaffte auch andere ausländische Tänzerinnen, v. a. Asiatin-

---

36 vgl. Wendy Buonaventura: Die Schlange vom Nil. Frauen und Tanz im Orient. 4. Aufl. Hamburg: Rogner & Bernhard GmbH & Co. Verlags KG 1993. S. 23-31

nen, nach Ägypten. Sie bereicherten den Tanz besonders durch weiche schlangenartige Armbewegungen, wie sie ebenso im indischen Tanz zu sehen sind. Vor allem im Neuen Reich (1559 bis 1085 v. Chr.) entwickelte sich durch den kulturellen Austausch mit anderen Mittelmeervölkern neben den bisher bekannten streng reglementierten und vorwiegend in der Gruppe vorgetragenen Tänzen ein von Improvisation bestimmter Solotanz.

Warum sich die neu entstandene Tanzform als wertvolles Kulturgut, das Männer und Frauen gleichermaßen inspirierte und erfreute, etablieren konnte und nicht schon bald wie im Römischen Reich zum sexuellen Animiertanz abgewertet wurde, liegt wahrscheinlich in der besonderen Stellung der Frau im Ägyptischen Reich begründet. Innerhalb ihres Standes waren Mann und Frau rechtlich und gesellschaftlich gleichgestellt; egal ob ledig oder verheiratet, die Frau hatte volle Rechts- und Geschäftsfähigkeit und konnte dadurch auf das öffentliche Leben und somit auch auf die Kunst genauso großen Einfluss ausüben wie der Mann.[37] Dennoch darf nicht vergessen werden, dass die Tänzerinnen oftmals Sklavinnen waren, die jedoch, erwarben sie die Gunst ihres Herrn, eine Chance hatten, ihre Freiheit wieder zu erlangen. Auch dies zeigt, welcher Beliebtheit sich der Orientalische Tanz im Alten Ägypten erfreute.

4.1.2 Tempeltanz in Indien

In Indien gab es tausende von Tempelpriesterinnen, Devadassis genannt, die zu Ehren der Gottheit erotische Tänze aufführten. Sie waren sehr angesehene und gebildete Frauen, man opferte ihnen Nahrung, Schmuck und andere wertvolle Gaben. Indem sie mit männlichen Gläubigen den Liebesakt vollzogen, agierten sie als Vermittlerin zwischen Mensch und göttlichem Geist. Das Entgelt dafür kam dem Tempel zugute. Historiker sprechen in diesem Zusammenhang von ›sakraler Prostitution‹, wobei berücksichtigt werden muss, dass in frühen Religionen Sexualität eine nicht unerhebliche Rolle spielte, und es durchaus die Prostitution im herkömmlichen Sinne gab.[38]

---

37 vgl. ebd. S. 23–30
38 vgl. Wendy Buonaventura: Bauchtanz. Die Schlange und die Sphinx. 6. Aufl. München: Verlag Antje Kunstmann GmbH. 1993. S. 29–34

Walter Kaufmann schreibt dazu Folgendes: »Die Mehrzahl der erhalten gebliebenen Figuren, die die Pfeiler der steinernen Umzäunungen altindischer Kultstätten schmückten, sind weiblichen Geschlechts. Sie sind im allgemeinen nahezu unbekleidet und tragen reichen Schmuck am Hals, an den Ohren und an den Fußgelenken sowie einen durchsichtigen, vom Perlgürtel gehaltenen Schleierrock, der bis zu den Knöcheln reicht. Es geht dem Bildhauer offensichtlich darum, die vollendete Schönheit weiblicher Körperformen und die Anmut und Grazie der Haltung zum Ausdruck zu bringen, die körperlichen Reize hervorzuheben und eine erotische Ausstrahlung zu erzielen.[...] Und dennoch ist es naheliegend, daß den Künstlern, die die Skulpturen dieser göttlichen Wesen schufen, die professionellen Tänzerinnen vor Augen standen, die in der indischen Gesellschaft, vor allem im höfischen, im städtischen und im kultischen Bereich, eine wesentliche Rolle spielten.«[39]

4.1.3 Orientalischer Tanz im alten Griechenland

Im alten Griechenland tanzten Priesterinnen in den Tempeln der Artemis, der Göttin des Mondes und der Fruchtbarkeit, und der Aphrodite, der Göttin der Liebe, ekstatische hüftbetonte Tänze. Aus dieser Zeit stammt der Ausdruck *cifte telli,* und so wird der Orientalische Tanz auch heute noch in Griechenland genannt. In Koúklia auf Zypern, wo Aphrodite – der Mythologie nach – dem Schaum des Meeres entstiegen ist, war das größte Aphrodite-Heiligtum der antiken Welt. Schon vor der Hellenisierung Zyperns im 12. Jahrhundert vor Christus wurde dort die Muttergottheit Ischtar-Astarte in Form eines konischen schwarzen Steines verehrt. Zu den Aphroditefeiern gehörte auch die Tempelprostitution. »Jede Frau hatte sich vor ihrer Ehe in der Nähe des Tempelbezirks einem Fremden hinzugeben. ›Hat sich eine Frau hier niedergelassen, so darf sie nicht eher nach Hause zurückkehren, als bis ein Fremder ihr Geld in den Schoß geworfen und ihr außerhalb des Heiligtums beigewohnt hat‹ (Herodot 1,119)«[40].

---

39 Walter Kaufmann: Altindien. Hg. v. Werner Bachmann. Leipzig: VEB Deutscher Verlag für Musik 1981 (= Musikgeschichte in Bildern. begründet v. Heinrich Besseler und Max Schneider. Bd. II: Musik des Altertums. Lieferung 8). S. 134

40 Baedeker: Zypern. Allianz Reiseführer. 3. Aufl. Ostfildern (Kemnat): Mairs Geographischer Verlag GmbH & Co. 1995. S. 125

4 Historische Bezüge

Abb. 76: Attische rotfigurige Hydria. Krotaltänzerin. Drittes Viertel des 5. Jh.
(Höhe des gesamten Gefäßes 28,5 cm). Kopenhagen, Nationalmuseum 1942.
Aus: Wegner, Max: Griechenland. Hg. v. Heinrich Besseler und Max Schneider.
2. durchgesehene Aufl. Leipzig: VEB Deutscher Verlag für Musik 1970
(= Musikgeschichte in Bildern. Bd. II: Musik des Altertums. Lieferung 4). S.97

Orgiastische und in Ekstase versetzende Musik und Tänze gehörten auch zu den Kulten der phrygischen Göttermutter Kybele und des Dionysos, dem Gott des Weins (bei den Römern später Bacchus genannt).[41] Max Wegner schreibt in seinem Buch über Griechenland aus der Reihe Musikgeschichte in Bildern: »Zu den Freuden der Gesellschaft gehört neben dem Symposion vor allem der Tanz, und zwar in spätarchaischer und klassischer Zeit mehr der Einzeltanz als der Reigen. Auch dies gehört zu den Entwicklungsvorgängen der Differenzierung und der Isolierung der künstlerischen Arten. [...] Das Bild einer kopenhagener Hydria zeigt uns eine nackte junge Tänzerin, die sich zum Rhythmus der Auloi [Schalmei] im wirbelnden Tanze dreht. Die Lebhaftigkeit des Tanzes wird unterstützt durch das Klappern der Krotala [Holzschlaginstrument, spanischen Kastagnetten ähnlich], die das Mädchen in ausgreifender Bewegung mit beiden Händen schwenkt«[42] (s. Abb. 76).

41 vgl. Max Wegner: Griechenland. Hg. v. Heinrich Besseler und Max Schneider. 2. durchgesehene Aufl. Leipzig: VEB Deutscher Verlag für Musik 1970 (= Musikgeschichte in Bildern. Bd. II: Musik des Altertums. Lieferung 4). S. 52
42 Ebd. S. 96

4.1.4 Orientalischer Tanz zu Zeiten des Römischen Reiches

Regen Sklavenhandel gab es schon zu Zeiten der Römer und früher. Schwarze Tänzerinnen waren eine willkommene Unterhaltung bei Festen und Gelagen. Auch die in Ägypten so beliebten Tanzzwerge (s. 4.1.1) kannte man in Rom. Ein Marmorrelief aus der Zeit Kaiser Hadrians, ca. 120 n. Chr., im Thermenmuseum in Rom aufbewahrt, zeigt tanzende Pygmäen und Afrikanerinnen als Bestandteil einer Bestattungszeremonie.

In den letzten zwei Jahrhunderten der Republik kommt es zur Ausbreitung verschiedener aus Griechenland, Ägypten und Syrien stammender Mysterienreligionen, wie dem Dionysos-, dem Kybele- oder dem Isiskult. Die Anhänger stammten aus allen Gesellschaftsschichten, v. a. aber waren es ausländische Sklaven. Typisch war der orgiastische und berauschende Charakter ihrer Kultmusik und Tänze. »Becken, Handpauken, Klappern, Pfeifen und andere Instrumente ertönten auch in den Tempeln der Kybele, sobald die Galli [Priester] dort ihre orgiastischen Tänze vollführten; wie Mänaden gerieten sie dabei in ekstatische Erregung und Verzückung (Seneca epist. 108, 7; Juvenal sat. VI, 314); waren sie erst durch die schrillen aufpeitschenden Klänge und Rhythmen der Musik, durch die betäubenden Drehungen ihrer Tänze erregt, geißelten sie sich mit Peitschen und vollzogen in der Ekstase noch andere grausige Handlungen bis zur Selbstentmannung, um sich voller Enthusiasmus der Magna mater deum Idea zu nähern, in deren Dienst sie standen (Lucian, de dea Syria 50).«[43]

Im Hause der Mysterien in Pompeji findet man auf einer Wandmalerei aus dem 1. Jahrhundert n. Chr. am Ende eines Freskenzyklus eine weiße Tänzerin mit Zimbeln als Begleitung eines römischen Initiationsritus (s. Abb. 77). Orgiastische Mädchentänze gehörten zum Kult der großen Fruchtbarkeitsgöttin Artemis, die man an vorangehender Stelle im Fresko findet.[44]

---

43 Günter Fleischhauer: Etrurien und Rom. Hg. v. Heinrich Besseler und Max Schneider. 2. ergänzte Aufl. Leipzig: VEB Deutscher Verlag für Musik 1964 (= Musikgeschichte in Bildern. Band II: Musik des Altertums. Lieferung 5). S. 84

44 vgl. Ludwig Curtius: Die Wandmalerei Pompejis. Eine Einführung in ihr Verständnis. Leipzig: Verlag von E. A. Seemann 1929. S. 343–368

4 Historische Bezüge

Abb. 77: Tanzende nackte Mänade aus dem Freskenzyklus der Villa Dei Misteri in Pompei (Ostwand). 79 durch den Ausbruch des Vesuv verschüttet und 1909 bei Ausgrabungen wiederentdeckt. aus: Frova, Antonio: L'Arte Racconta. La Villa Dei Misteri A Pompei. Fratelli Fabbri Editori, Milano, & Skira, Ginevra, 1965. S. 37

Mit den territorialen Eroberungen und der Gründung zahlreicher Handelsniederlassungen kam es seit dem 2. Jahrhundert v. Chr. in zunehmendem Maße zur Einwanderung oder Verschleppung ausländischer Tänzer, Tänzerinnen und Musiker nach Rom. Musik- und Tanzdarbietungen wurden zu wesentlichen Bestandteilen privater und öffentlicher Veranstaltungen und gehörten zum täglichen Treiben auf den Straßen und Plätzen der Stadt. Im alten Rom wird der Orientalische Tanz erstmals – wie später dann zu Zeiten der Kolonialherrschaft – aus seinem kulturellen Kontext herausgerissen und zum rein sexuell stimulierenden Unterhaltungstanz degradiert. Fresken zeigen, dass Bacchantinnen diesen Tanz bei Trinkgelagen aufführten. Besonders berühmt-berüchtigt für ihre laszive Tanzweise waren die *ambubaiae* (syrische Flötenspielerinnen und Tänzerinnen) und die *crotalistriae* (spanische Kastagnettentänzerinnen)[45], allen voran die Mädchen aus Gadir, dem heutigen Cadiz in Südspanien. Gadir war, bevor es gegen Ende des 2. punischen Krieges (218–201 v. Chr.) an die Römer fiel, eine ehemals phönizische Handelsniederlassung, um 1100 v. Chr. gegründet. Die Phönizer, politisch, wirtschaftlich und kulturell vom ägyptischen Reich beeinflusst, waren somit die ersten, die den Orientalischen Tanz in der damals ausgeübten Weise vom östlichen Mittelmeerraum in den Westen exportierten.[46]

4.1.5 Fruchtbarkeitstänze Schwarzafrikas

Auf dem afrikanischen Kontinent und hier v. a. in Zentralafrika haben sich viele der alten Geburts- und Fruchtbarkeitstänze bis in die heutige Zeit gehalten. Sie werden u. a. bei Initiationsriten (v. a. der Einführung eines Mädchens in den Kreis der Frauen) oder Geburten getanzt.

Alfons M. Dauer spricht von Schütteltänzen aus dem Becken und nennt als wesentliches Charakteristikum der Tanzarten im zentralafrikanischen Raum den polyzentrischen Tanzstil. »Hier werden alle Aktionszentren des Körpers isoliert und die einfachen Grundbewegungen nach Möglichkeit multipliziert. Ganz deutlich tritt als beherrschendes Hauptzentrum die Pelvis hervor. Im Kongo und in Angola treten sämtliche anatomische Zentren gleichberechtigt in Aktion: stärkste Pelvismotionen, hochkultivierte

---

45 vgl. ebd. S. 122–124
46 vgl. Dietlinde Karkutli: Das Bauchtanzbuch. 1994. S. 30–33

Fußtechnik, Trennung von Schulter- und Schulterblätterbewegungen, heftige Torsoshakes, isolierte Arm- und Kopfbewegungen. Wie in ganz Afrika werden die Hauptzentren durch Schmuck, Geräusch und Farbsignale besonders markiert, sehr oft auch übersteigert. Totale Polyzentrik mit völliger Isolation der Zentren bringt auch die Raumchoreographie zum Erliegen; der Tanz erfolgt auf der Stelle und kann bis zu völliger Binnenkörperlichkeit gesteigert werden.«[47]

Die Pygmäen Zentralafrikas waren bereits im alten Ägypten (s. 4.1.1) als Tänzer derart beliebt, dass sich ein Pharao wünschte, nach seinem Tod die Götter als Tanzzwerg zu erfreuen.[48] Zur Zeit des Sklavenhandels wurden die hüftbetonten Tänze Schwarzafrikas in viele Teile der Welt verstreut, wo sie auf die einheimischen Tanzstile nachhaltig Einfluss nahmen. So beinhalten die meisten lateinamerikanischen Tänze typisch afrikanische Beckenbewegungen, aber auch viele Tanzrichtungen der westlichen Welt wie der Shimmy der 20er Jahre oder der Breakdance der 80er Jahre, um zwei Beispiele zu nennen, haben ihren Ursprung bei der schwarzen Bevölkerung Amerikas.

4.1.6 Der Einfluss der monotheistischen Religionen

Als das Patriarchat die gesellschaftliche Ordnung zu bestimmen begann, die Fruchtbarkeitsgöttinen durch einen Schöpfergott ersetzt wurden, und es wichtig wurde, die männliche Erblinie zurückverfolgen zu können, wurde die sexuelle Freiheit der Frau immer weiter eingeschränkt. Die drei großen monotheistischen Religionen, Judentum, Christentum und Islam, sahen in der weiblichen Sexualität eine unberechenbare, für den Mann Verderbnis bringende Gefahr, die es unbedingt zu zügeln galt.

So kann es nicht verwundern, dass der öffentlich vorgeführte Tanz eine Aufgabe gesellschaftlicher Randgruppen, v. a. der Zigeuner wurde. Auf ihren Wanderwegen von Indien (heute vielfach als Urheimat der Zigeuner betrachtet, die ersten Stämme sollen Indien im fünften Jahrhundert nach Christus verlassen haben) über Afghanistan, Persien und die Türkei bis

---

47 Jos Gansemans und Barbara Schmidt-Wrenger: Zentralafrika. Hg. v. Werner Bachmann. Leipzig: Deutscher Verlag für Musik. 1986 (= Musikgeschichte in Bildern. begründet v. Heinrich Besseler und Max Schneider. Bd. I: Musikethnologie. Lieferung 9). S. 92

48 vgl. Dietlinde Karkutli: Das Bauchtanzbuch. Reinbek bei Hamburg: Rowohlt Taschenbuch Verlag GmbH 1994. S. 20

4.1 Die Ursprünge des Orientalischen Tanzes und seine multikulturellen Einflüsse

nach Griechenland und an der afrikanischen Nordküste entlang über Ägypten bis nach Spanien wurde ihr Tanz, der z. T. noch von antiken Fruchtbarkeitstänzen geprägt war, von vielerlei traditionellen Tanzformen beeinflusst. Andererseits finden wir heute in zahlreichen Volkstänzen sowie der Musik verschiedener Länder Elemente des Zigeunertanzes. Zum Beispiel existieren fließende Arm- und Handbewegungen ebenso wie seitliches Kopfverschieben sowohl im indischen als auch im persischen, arabischen und türkischen Tanz. Weiche oder kraftvolle Hüftbewegungen spielen nicht nur im indischen und Orientalischen Tanz eine wichtige Rolle sondern auch beim spanischen Flamenco.[49]

Zigeuner waren in keinem Land besonders angesehen, und somit verfiel auch das Ansehen des Tanzes zur reinen Unterhaltungskunst. Der kulturelle Hintergrund ging verloren, Tanz und Prostitution reichten sich die Hände. Dennoch waren die Tänzerinnen, in Ägypten waren es Ghawazi und in der Türkei Cengi, bei allerlei Festen gern gesehen, und selbst in unserer Zeit gehört in vielen Gegenden zu einer orientalischen Hochzeit die Bauchtänzerin.[50]

Während der Bauchtanz in Europa im Zuge der Christianisierung völlig verschwand, überlebte er im Orient nicht nur durch die Gruppe der Berufstänzerinnen, sondern auch in der Abgeschiedenheit des Harems. Im Gegensatz zum Christentum, das die weibliche Sexualität auf den Zweck der Reproduktion beschränkte, waren im Islam Erotik und Sexualität zwei zum alltäglichen Leben gehörende Themen. Die sexuelle Befriedigung von Mann und Frau ist durch den Koran ebenso geregelt wie das tägliche Gebet. So bereitete es den Frauen Freude, sich durch lustvolle Bewegungen zu stimulieren und ihre Weiblichkeit durch den Tanz zu betonen. Von der Außenwelt abgeschieden, war er für sie oft das einzige Mittel zum Zeitvertreib. Indem die Tradition von Müttern an ihre Töchter weitergegeben wurde, hat sie vielerorts überlebt. Auch im heutigen Orient tanzen zu verschiedenen Anlässen Frauen für Frauen unter Ausschluss der Männer.

Die armenische Tänzerin Armen Ohanian, die Anfang des 20. Jahrhunderts in zahlreichen arabischen und europäischen Ländern gastierte, schreibt in ihrem Buch ›In den Klauen der Zivilisation‹: »In Shamakha

---

49 vgl. Annette Bögelein: Magneten. »Bewohner der Weite, Vertraute des Windes …« in: Tanz Oriental 12 (1993). Hg. v. Ute und Günter Dietz, GdbR. Nürnberg: Oriental-Medienverlag. S. 28–35

50 vgl. Wendy Buonaventura: Bauchtanz. Die Schlange und die Sphinx. 1993. S. 13f

4 Historische Bezüge

Abb. 78: Gaston Saintpierre. Hochzeitsfeier der Frauen in Algerien. Um 1870. Ölgemälde. Privatbesitz. aus: Buonaventura, Wendy: Die Schlange vom Nil. Frauen und Tanz im Orient. 4. Aufl. Hamburg: Rogner & Bernhard GmbH & Co. Verlags KG 1993. S. 85

ging ich oft, um sie zu sehen, zu dem alten Khan [Herrschertitel] – Mahmud. [...] Ich langweilte mich etwas unter den ernsten Khanums [Frauen] seines Harems. [...] Ich entwich und glitt hinter die reichen trennenden Vorhänge zu den schlanken Tänzerinnen, die ihr Nargile [Wasserpfeife] rauchten. Und in diesem Winkel unterhielt ich mich neugierig lange mit diesen Engeln der Liebe mit den umränderten Augen, an denen alles Liebe war. Während dieser feierlichen Bayramfeste [muslimische Opferfeste nach dem Fasten] waren ihre Tänze ernst oder vielmehr: Sie bewegten sich zu den Gesängen der Troubadoure. [...] Und als die üppigste der Odalisken in ihrer vollen Reife den Bauchtanz ausführte, da gelang es mir, den heiligen Ursprung dieser Bewegungen zu erkennen. Dies Gesicht, das so ernst wie das des Buddha war, mit den geschlossenen Augen, dem starren Lächeln, dieser Leib, der sich allein quälte – waren das Bild der Mutterschaft mit ihrer Wollust und ihren Schmerzen. Erst damals verstand ich, warum gewisse Stämme des Kaukasus ›beim Leibe der Mutter‹ schwören. Hatten sie nicht recht, so den von der Grausamkeit der Liebe gefolterten Kelch zu verehren, in dem das Weib voller Freude die Menschheit empfängt?«[51]

4.1.7 Orientalischer Tanz im Spiegel des Orientalismus und Kolonialismus

Aus dem 18. und 19. Jahrhundert, als der Westen begann, sich intensiver mit der Geschichte und Kultur des Orients zu befassen, sind uns zahlreiche Reiseberichte von namhaften Schriftstellern wie Gustave Flaubert, Gerard de Nerval oder dem amerikanischen Journalisten G.W.Curtis und Gemälde von Jean-Léon Gérôme, Etienne Dinet u. a. erhalten geblieben. Es entstand das Bild einer von Erotik, exotischer Schönheit und Lustbarkeit erfüllten Gesellschaft, wobei v. a. der Harem und die Tänzerinnen große Faszination ausübten.

Erlebnisberichte einer Tanzvorstellung beschreiben meist die hypnotische und fesselnde Wirkung des Tanzes, verurteilen diesen aber auch allzu oft wegen der obszönen und vulgären Art der Bewegungen als moralisch höchst verwerflich. Er passte keineswegs zu dem von den Erzählun-

---

51 Armen Ohanian: In den Klauen der Zivilisation. Freiburg i. Br.: Kore Verlag GmbH 1995. S.10f

gen aus 1001 Nacht inspirierten und femininer Sinnlichkeit huldigendem Orientalismus der westlichen Welt.

Dabei waren es gerade die Europäer, allen voran Napoleon mit seinen Soldaten, die das ohnehin schon gesunkene Ansehen des Tanzes völlig ruinierten. Die Ghawazee wurden zu Lagerprostituierten, man steckte sie in Bordelle, und manche Europäer verlangten von ihnen, nackt zu tanzen. 1834 wurden sie von Muhammed Ali, der mit europäischer Hilfe Ägypten zu wirtschaftlichem Aufschwung verhelfen wollte, unter Androhung harter Strafen bei Missachtung nach Oberägypten in die Städte Esna, Assuan und Kean verbannt und durften erst 1866 nach Kairo zurückkehren. Während ihrer Abwesenheit übernahmen junge Tänzer, vorwiegend aus Konstantinopel, ihren Platz und tanzten, oft als Frauen verkleidet, auf öffentlichen Plätzen.[52]

4.1.8 Einzug des Orientalischen Tanzes in die westliche Welt

In Europa und Amerika nahm inzwischen das Interesse an der Kultur und Kunst des Orients immer größere Ausmaße an. Die Frauen der gehobenen Schicht legten ihre einengenden Fischkorsetts ab, türkische Pluderhosen kamen in Mode, und orientalisch eingerichtete Räume waren in vielen Bürgerhäusern und Adelsschlössern zu finden.

1889 auf der Weltausstellung in Paris war es dem europäischen Publikum erstmals möglich, orientalische Kultur und – als besondere Attraktion – auch Orientalischen Tanz zu erleben. Seinen Durchbruch in Amerika erlangte der Orientalische Tanz 1893 bei der Great Columbia Exposition in Chicago anlässlich des 400. Jahrestages der Entdeckung Amerikas durch Christoph Columbus. Der Midway Plaisance war ein Vergnügungsviertel, in dem das amerikanische Publikum zahlreiche Kulturen und Lebensweisen anderer Völker in Nachbauten und Vorführungen bestaunen konnte. Besonderer Beliebtheit erfreute sich die Kairoer Straße mit dem ›Theater of Dancing Girls‹. Auch ›Little Egypt‹, deren Herkunft und eigentlicher Name bis heute umstritten sind, soll hier getanzt haben. Vielleicht nannte sich so die Syrerin Farida Mahzar, eine der vier mit Namen bekannten ›Midway Dancers‹. Die Tanzdarbietungen lösten in der Öffent-

---

52 vgl. Wendy Buonaventura: Die Schlange vom Nil. 1993. S. 51–75

4.1 Die Ursprünge des Orientalischen Tanzes und seine multikulturellen Einflüsse

lichkeit heftige Diskussionen und Reaktionen unterschiedlichster Art – von großer Bewunderung bis hin zu tiefster Empörung – aus.[53] Nach dieser Weltausstellung tauchten plötzlich überall in Amerika Little Egypts auf, die in Vaudeville- und Burlesque-Shows oder Cabarets ihre Engagements fanden. Viele waren Amerikanerinnen, die niemals zuvor eine orientalische Tänzerin gesehen hatten.[54]

Auch die Vorreiterinnen des Improvisations- und Interpretationstanzes, hier sind v. a. Ruth St. Denis und Isadora Duncan zu nennen, ließen sich von ihrer Vorstellung vom Orient inspirieren. Ihr Ziel war es, den Tanz von seinem zu damaliger Zeit allgemein schlechten Image zu befreien und ihn – dem Theater ebenbürtig – zu einer eigenständigen Kunstform zu erheben. Ihre neue Art des Tanzes fand v. a. in Europa großen Anklang und weite Verbreitung. Hier war ein empfängliches Publikum für die Interpretation morgenländischer Mythen und Kultur. In der Oper war Richard Strauss' Salomé zu hören, im Theater Oscar Wildes Salomé zu sehen, und selbst Diaghilevs Russisches Ballett befasste sich mit Themen wie Salomé, Scheherazade und Cleopatra.[55]

4.1.9 Der Einfluss der Filmbranche zu Beginn des 20. Jahrhunderts

In der arabischen Welt entstanden um die Jahrhundertwende viele Clubs und Lokale, in denen dem vorwiegend kolonialen Publikum Orientalischer Tanz präsentiert wurde. In den 20er Jahren, nach Ende des ersten Weltkrieges, entwickelte sich Ägypten zum Zentrum dieser neuen Art von Unterhaltungsindustrie. Vor allem die Nachtclubs der Muhammad-Ali-Straße in Kairo erlangten große Berühmtheit. Kannte bereits der Stummfilm den Tanz als ein die Dramatik steigerndes Moment, so entstand nach der Entwicklung des Tonfilms ein ganzer Filmzweig, der sich mit der Verfilmung von Tanzmärchen befasste. Samia Gamal, Tahia Carioca und Naima Akef waren die wohl berühmtesten arabischen Tänzerinnen der damaligen Zeit und spielten die Hauptrollen in zahlreichen Filmen. Die ägyptische

---

53 vgl. Rip Wilson: Die Geschichte des Bauchtanzes in Amerika. 1.Teil: Little Egypt und ihre Kolleginnen. in: Tanz Oriental 2 (1993). S. 20–24 und 2.Teil: Midway Dancers in New York 1893. in: Tanz Oriental 4 (1993). S. 20-25. Hg. v. Ute und Günter Dietz, GdbR. Nürnberg: Oriental-Medienverlag

54 vgl. Wendy Buonaventura: Die Schlange vom Nil. 1993. S. 99-102 und S. 120–122

55 vgl. ebd. S. 122–140

4 Historische Bezüge

Abb. 79: Das Cabaret-Kostüm der dreißiger Jahre (bis heute kaum verändert). Fotographie. Sammlung Arabesque, New York. aus: Buonaventura, Wendy: Die Schlange vom Nil. Frauen und Tanz im Orient. 4. Aufl. Hamburg: Rogner & Bernhard GmbH & Co. Verlags KG 1993. S. 153

Filmbranche stand stark unter dem Einfluss Hollywoods, und so wurden oft amerikanische Vorstellungen, wie Orientalischer Tanz auszusehen und zu wirken hat, übernommen. Der Baladi (volkstümliche Variante des Orientalischen Tanzes) wurde von seiner ursprünglichen traditionellen Form entfremdet und mit vielen neuen Elementen versehen. Es entstanden ausgefeilte fließende und dramatische Armbewegungen – ursprünglich wurden die Arme meist nach oben gehalten. Man begann den Raum, den eine Bühne bot, besser auszunutzen und schuf neue Schrittkombinationen und Drehungen, während der eigentliche Baladi fast nur auf der Stelle getanzt wird. Auch der Tanz mit dem Schleier wurde als Erfindung aus Amerika eingeführt. Selbst das bis heute übliche zweiteilige glamouröse Cabaretkostüm war ein Vermarktungsprodukt jener Zeit. Manche Tänzerinnen kauften sich als Prestigezeichen Stöckelschuhe, die jedoch den Körperschwerpunkt veränderten und die Erdverbundenheit des Tanzes beeinträchtigten.[56]

Diese neue Form des Orientalischen Tanzes hat sich bis heute kaum geändert. Dennoch gibt es viele Tänzerinnen, die wie früher Ruth St. Denis mit dem Orientalischen Tanz experimentieren. Sie mischen ihm Elemente anderer, teils fremder, wie z. B. Ballett oder Modern Dance, teils verwandter Tanzarten, wie z. B. Flamenco oder lateinamerikanische Tänze, bei, oder sie kreieren völlig neue Phantasietänze, z. B. Pharaonentänze, und ordnen sie in das heute weite Spektrum des Orientalischen Tanzes ein.

4.2 DIE VERSCHIEDENEN ROLLEN DES ORIENTALISCHEN TANZES IN HEUTIGER ZEIT

4.2.1 Der Bauchtanz-Boom in den USA

Das erste große Bauchtanzfieber in der westlichen Welt breitete sich nach dem zweiten Weltkrieg in den USA aus. Im ganzen Land eröffneten Bauchtanzschulen, an den Universitäten wurden Kurse in Orientalischem Tanz angeboten und Berufstänzer gaben an den Wochenenden in vielen Städten Workshops.

---

56   vgl. ebd. S. 145–150

4 Historische Bezüge

Die unterschiedlichsten Motive veranlassten die Frauen Bauchtanzkurse zu besuchen, sei es aus Neugierde, sei es um ein erotisches Verführungsmittel zu erlernen, oder sei es einfach nur um *in* zu sein. Für viele wurde der Orientalische Tanz aber bald mehr als nur eine Modeerscheinung. Sie erkannten, dass der Tanz sie veränderte, dass der Gewinn größer war als die bloße Beherrschung bis dato ungeahnter Muskelgruppen. Sie lernten durch den Orientalischen Tanz, ihre vor dem Zeitalter der Emanzipation und Karrierefrauen unterdrückte Weiblichkeit neu zu definieren. Einige reisten sogar in die Ursprungsländer des Orientalischen Tanzes, v. a. Marokko und Ägypten, um die Kultur der Herkunftsländer genauer zu studieren.

4.2.2 Die Anfänge des Orientalischen Tanzes in Deutschland

Ende der 70er Jahre kam der Orientalische Tanz auch nach Deutschland. Die Anfänge waren sehr zögerlich. Vor allem Frauen, die für längere Zeit in Amerika lebten, oder Ehefrauen amerikanischer Soldaten waren die ersten Lehrerinnen.

Als dann auch die Medien begannen, über die neu entstehende Tanzszene in Deutschland zu berichten, verlor der Orientalische Tanz allmählich das Image des Unschicklichen und hielt seinen Einzug in die Volkshochschulen und Frauengesundheitszentren. Die ersten Studios für Orientalischen Tanz wurden gegründet, und amerikanische Gastdozentinnen gaben dort Workshops für ambitionierte Nachwuchstänzerinnen.[57]

Der große Boom war Mitte der 80er Jahre, seitdem steigt die Zahl an Frauen, die sich für Orientalischen Tanz interessieren, kontinuierlich an.

4.2.3 Die Kommerzialisierung des Orientalischen Tanzes

Der Kommerz mit dem Orientalischen Tanz hat inzwischen ungeheure Ausmaße angenommen. Es werden gigantische Bühnenshows veranstaltet, immer neue Effekte in den Tanz eingebaut und aufwendige Phantasiekostüme kreiert. Um konkurrenzfähig zu bleiben, sind die Studiobesitzerinnen und Tänzerinnen auf immer neue Ideen angewiesen. Einige ex-

---

57 vgl. Roswitha Möhl: Aufbruch gen Europa. Orientalischer Tanz als Pionierarbeit in Deutschland. in: Tanz Oriental 8 (1994). Hg. v. Ute und Günter Dietz, GdbR. Nürnberg: Oriental-Medienverlag. S. 34–37

perimentieren mit anderen Tanzarten und schaffen völlig neue Stilrichtungen, wie z. B. den arabo-andalusischen oder lateinamerikanisch-arabischen Stil. Das Spektrum des arabischen Tanzes schließt auch den Trance-Tanz, den Tanz mit allerlei Gegenständen wie z. B. Säbel, Schleier, Krug oder Leuchter und Phantasietänze wie z. B. Pharaonen- oder Schlangentanz ein. Manche Tänzerinnen pochen auf Authentität und führen zahlreiche Folkloretänze in ihrem Repertoire, oft aber nur, um sich auf diese Weise von der Masse abzuheben.

Ganze Industriezweige leben vom Handel mit Zubehör für Orientalischen Tanz. Dazu zählen der Verkauf von CDs, MCs und Videofilmen, Kostümen und Kostümzubehör, Zeitschriften und Büchern über Orientalischen Tanz. Selbst Tanzreisen in den Süden inclusive Workshop bei einer berühmten Tänzerin werden angeboten.

Wen mag es da verwundern, dass die ursprünglich im Tanz gesehene Idee von der Neuentdeckung weiblicher Kraft und Erotik oft in der Profitgier erstickt. Dies ist ganz besonders der Fall, wenn manche Lehrerinnen für Orientalischen Tanz versuchen, an einem weiteren in Mode gekommenen Aspekt Geld zu verdienen: *Orientalischer Tanz für Schwangere*. Zwar haben sie über die Ursprünge des Orientalischen Tanzes als Fruchtbarkeitstanz gelesen und wissen um die wohltuende Wirkung mancher Beckenbewegungen, aber allzu leicht sind sie mit den spezifischen Problemen der Schwangeren überfordert, v. a. wenn sie selbst noch nie geboren haben.

Obwohl diese Kommerzialisierung an den Ideen der Pionierinnen des Orientalischen Tanzes in Europa vorbeiführen mag, so ist es doch zu einem nicht unerheblichen Teil ihr zu verdanken, dass dieser Tanz einer breiten Masse interessierter Frauen zugänglich gemacht werden konnte. Und in kleineren Städten und ländlichen Gegenden, wo sich einige wenige Bauchtänzerinnen darum bemühen, den Frauen einen ihrer urweiblichsten Tänze wieder näherzubringen, ist der frühe Pioniergeist durchaus noch erhalten geblieben.

4.2.4 Der Dualismus des Orientalischen Tanzes in der arabischen Welt

Völlig anders verhält es sich mit der Rolle, die der Orientalische Tanz in arabischen Ländern spielt. Obwohl eine Bauchtänzerin bei großen Familienfesten gern gesehen wird, würde kein streng gläubiger Moslem seiner

4 Historische Bezüge

Tochter erlauben, Tänzerin zu werden. Meist ist es die Armut, die die Frauen dazu treibt, diesen Beruf zu ergreifen. Sie alle sind Autodidaktinnen. Schulen, wo man den Tanz erlernen könnte, gibt es nicht. Einige wenige, wie z. B. Nagua Fuad, Suheir Saki und Fifi Abdou (in Ägypten) oder Nesrin Topkapi (in der Türkei) haben es geschafft, nationalen und internationalen Ruhm zu erlangen. Mit ihren Shows in den Night-Clubs großer Hotels verdienen sie den Unterhalt für sich und die Familien ihres oft 30- bis 40-köpfigen Orchesters. Am anderen Ende der Leiter stehen Tänzerinnen, die ihr tägliches Brot in heruntergekommenen Kneipen und Touristenschuppen verdienen. Hier vermischen sich oftmals Tanz und Prostitution.

Neben dieser kleinen Gruppe von Berufstänzerinnen gibt es aber noch die große Masse arabischer Frauen, die es lieben, aus allerlei Anlässen für sich und mit ihren Freundinnen zu tanzen. Sie alle wachsen von Kindheit an mit dem Tanz auf. Es ist eine einfachere Version des Bühnentanzes, ohne Schnörkel und ausgefeilte Armbewegungen, aber die Grundbewegungen der Hüfte sind dieselben. Oft ist es die einzige Möglichkeit für die Frauen, sich zu vergnügen und ihren Körper fit zu halten. Sie tanzen miteinander und füreinander. So wird der Tanz von einer Generation an die nächste weitergegeben.

4.2.5 Erlebnisbericht einer Geburtstanz-Zeremonie

Vor allem bei den Nomadenvölkern Nordafrikas hat sich die Erinnerung an die Ursprünge des Orientalischen Tanzes als Fruchtbarkeits- und Geburtstanz erhalten. Carolina Varga Dinicu oder *Morocco*, wie sie auch genannt wird, beschreibt, wie sie zusammen mit einer marokkanischen Berbersfrau einer Geburt beiwohnen durfte. Sie musste sich dazu allerdings als deren stumme Dienerin ausgeben: »Wir benötigten $3\frac{1}{2}$ lange, heiße, ermüdende Tage, um schließlich im Dorf anzugelangen, in dem die Geburt erwartet wurde. Dort angekommen besuchten wir sofort das *Hamam* (Dampfbad). An einem Ende des Dorfes war ein großes Zelt aufgebaut worden, in das die werdende Mutter umzog, nachdem sie von ihren Freundinnen mehrmals im *Hamam* gebadet worden war. Ihr Mann war ein Mogul, und so waren große Festlichkeiten mit vielen Besuchern angesagt. Im Zelt hatte man Nahrungsmittel für eine 100köpfige Armee aufgebaut. In der Mitte war eine Mulde in den Boden eingelassen – für das Baby nach der Geburt. Die Tage bis zur Geburt verbrachten wir mit Singen, Tanzen (auch die zukünftige Mutter tanzte den halben Tag), Essen und Trinken von Minztee, im Zelt, von dem die Männer mindestens 100m Abstand halten mußten. Am nächsten Morgen setzten die Wehen ein. Die Cousine trug einen leichten Kaftan. Sie hockte über der Mulde und schwitzte sehr. Die anderen Frauen bildeten drei Kreise um sie herum, die Frauen ließen uns in den ersten Kreis. Alle sangen leise und bewegten ihre Körper rhythmisch und wellenförmig. Die Bewegungen waren langsamer als der sogenannte Flutter, man kann sie bei verschiedenen Schikhatts beobachten. Während sich die Frauen im Uhrzeigersinn drehten, stellte sie sich aufrecht in die Mitte und machte unsere Bewegungen mit – hockte sich wieder und fuhr fort zu gebären. Sie zeigte dabei keinerlei Anzeichen von Schmerz oder Anstrengung, nur der Schweiß benetzte ihr Gesicht und durchnäßte ihre Haare. Zum Mittagsgebet wurde eine Pause eingelegt. Anschließend gab es wieder Minztee und wir tanzten weiter. Etwa eine Stunde später stöhnte sie kurz, ein leichter Aufschlag war zu hören – sie hob den Kaftan – ein Baby lag in der Mulde. Sie hob die Hand, die Geburt war noch nicht zu Ende – 15 Minuten später gebar sie auf gleiche Weise ein zweites Kind. Es waren Zwillinge, zwei Jungen! Sie wurden mit weichen, weißen, in kalten Tee getauchten Lammwolltüchern abgewaschen. Die Nabelschnur wurde erst nach der Nachgeburt mit einer silbernen Schere durchtrennt und zusammen mit ihr in der Mulde vergraben, in der zuvor die beiden Kinder zur Welt kamen ... Die junge Mutter setzte sich auf einen Diwan, während wir noch lange bis nach Sonnenuntergang tanzten. Ich war so bewegt, daß ich meine Tränen nicht zurückhalten konnte. Während der Geburt hatte ich bemerkt, daß sie ihren Bauch unter dem Kaftan wellenförmig bewegte, so wie es auch meine Katzen tun, wenn sie ihre Jungen werfen. Später fragte ich meine ›Herrin‹, ob dies Tanz oder natürliche Bewegungen waren, sie antwortete: › ... Wir imitieren die natürlichen Bewegungen. Sie mußte diese Bewegungen bei der Geburt machen, weil sie nicht anders konnte.‹ Mit anderen Worten, es waren die natürlichen Bewegungen der Wehen und Geburt – dies hat unsere westliche Gesellschaft wegen religiöser Propaganda und medizinischer Eingriffe in den Geburtsvorgang völlig verdrängt.«[58]

---

58 Carolina Varga Dinicu: Roots. in: Tanz Oriental 10 (1992). Hg. v. Ute und Günter Dietz, GdbR. Nürnberg: Oriental-Medienverlag. S.6–9

4 Historische Bezüge

Die Ethnomedizinerin Dr. Liselotte Kuntner, eine Verfechterin der vertikalen Gebärhaltung, äußert sich zum Thema Orientalischer Tanz und Geburtsvorbereitung mit folgenden Worten, die gleichsam als wissenschaftliche Erläuterung der oben beschriebenen Geburtstanz-Zeremonie herangezogen werden könnten: »In vielen Kulturen sind Musik, Gesang und Tanz wichtige Bestandteile von Frauenkultur und begleiten als Ritual besondere Ereignisse im Leben, so auch die Schwangerschaft und die Geburt. Es ist bekannt, daß Rituale das Verhalten der Menschen in angstbesetzten Situationen stabilisieren. Musik, Gesang und Tanz haben eine ausgesprochene psychologische Wirkung. Bestimmt können orientalische Tanzformen der schwangeren Frau Freude an der Bewegung, Haltungs- und Körperbewußtsein und Wohlbefinden vermitteln. [...] Das erworbene Körperbewußtsein ermöglicht es der Frau meistens, schmerzmildernde und geburtsfördernde Körperstellungen einzunehmen, sich dem Geburtsvorgang angepaßt, d. h. wehengerecht zu verhalten. Die naturbedingte physiologische Affekt- und Antriebslage der Gebärenden, die uns bekannte gesteigerte Motorik, darf nicht unterdrückt werden. Die Frau darf in ihrer Bewegungsfreiheit nicht beschränkt werden. Sie muß Schmerzreize über ihre eigene Motorik verarbeiten können. Durch schmerzgesteuerte Verhaltensänderungen sind die Gebärenden in der Lage, selbständig günstige Gebärpositionen zu finden; in der Regel vertikale Gebärhaltungen.«[59]

---

[59] Liselotte Kuntner: Was lange währt.... Schwangerschaft und Orientalischer Tanz. in: Tanz Oriental 4 (1994). Hg. v. Ute und Günter Dietz, GdbR. Nürnberg: Oriental-Medienverlag. S. 29

LITERATURVERZEICHNIS

Baedeker: Zypern. Allianz Reiseführer. 3. Aufl. Ostfildern (Kemnat): Mairs Geographischer Verlag GmbH & Co. 1995

Balaskas, Janet: Yoga für Schwangere. Übungsprogramm mit Tonkassetten. München: Kösel-Verlag GmbH & Co.1990

Bögelein Annette: Magneten. »Bewohner der Weite, Vertraute des Windes ...« in: Tanz Oriental 12 (1993). S. 28–35. Hg. v. Ute und Günter Dietz, GdbR. Nürnberg: Oriental-Medienverlag

Brunner-Traut, Emma: Der Tanz im alten Ägypten nach bildlichen und inschriftlichen Zeugnissen. Hg. v. Hanns Stock. 2. Aufl. Glückstadt-Hamburg-New York: J. J. Augustin Verlag 1958 (= Ägyptologische Forschungen. Heft 6).

Buonaventura, Wendy: Bauchtanz. Die Schlange und die Sphinx. 6. Aufl. München: Verlag Antje Kunstmann GmbH. 1993

Buonaventura, Wendy: Die Schlange vom Nil. Frauen und Tanz im Orient. 4. Aufl. Hamburg: Rogner & Bernhard GmbH & Co. Verlags KG 1993

Carrera, Jose M.: Schwangerschaft – Geburt – Wochenbett. Aktive und verantwortungs-bewußte Vorbereitung mit Schwangerschaftsgymnastik, Entspannungsübungen und kontrollierter Atemtechnik. Stuttgart: TRIAS – Thieme Hippokrates Enke 1989

Curtius, Ludwig: Die Wandmalerei Pompejis. Eine Einführung in ihr Verständnis. Leipzig: Verlag von E. A. Seemann 1929

Dinicu, Carolina Varga: Roots. in: Tanz Oriental 10 (1992). S. 6–9. Hg. v. Ute und Günter Dietz, GdbR. Nürnberg: Oriental-Medienverlag

Fleischhauer, Günter: Etrurien und Rom. Hg. v. Heinrich Besseler und Max Schneider. 2. er-gänzte Aufl. Leipzig: VEB Deutscher Verlag für Musik 1964 (= Musikgeschichte in Bil-dern. Bd. II: Musik des Altertums. Lieferung 5)

Gansemans, Jos und Barbara Schmidt-Wrenger: Zentralafrika. Hg. v. Werner Bachmann. Leip-zig: Deutscher Verlag für Musik. 1986 (= Musikgeschichte in Bildern. begründet v. Hein-rich Besseler und Max Schneider. Bd. I: Musikethnologie. Lieferung 9)

Gebauer, Sabine: Bauchtanz. Erotik – Sexualität – Sinnlichkeit. in: Saida. Die Zeitschrift für orientalischen Tanz und Kultur. 3 (1994). S. 20–24. Wien: Verlag Bernadette Kügle.

Haase, Hedi, Hilla Ehrenberg, Marianne Schweizer: Lösungstherapie in der Krankengymnas-tik. München: Pflaum Verlag 1985

Hegers, Ulrike: Bauchtanz. Frauen finden ihren Rhythmus. 3. Aufl. Düsseldorf: Econ Taschenbuch Verlag 1991

Hickmann, Hans: Ägypten. Hg. v. Heinrich Besseler und Max Schneider. 2. Aufl. Leipzig: VEB Deutscher Verlag für Musik 1975 (= Musikgeschichte in Bildern. Bd. II: Musik des Altertums. Lieferung 1)

Hüter-Becker, Antje Hg.: Chirurgie, Gynäkologie. Bd. 8. Bearb. v. Fresenius M., Fresenius S., Henscher U., Muzykorska A., Trinkle B. Stuttgart New York: Thieme Verlag 2000 (= Physiotherapie: Taschenlehrbuch in 14 Bänden. Hg. v. Antje Hüter-Becker, Heidrun Schewe, Wolfgang Heipertz)

Literaturverzeichnis

Jonas, Gerald: DANCING. Wir tanzen, weil wir leben. Köln: vgs verlagsgesellschaft 1993

Karkutli, Dietlinde Bedauia: Bauchtanz. Rhythmus – Erotik – Lebensfreude. München: Mosaik Verlag GmbH 1989

Karkutli, Dietlinde: Das Bauchtanzbuch. Reinbek bei Hamburg: Rowohlt Taschenbuch Verlag GmbH 1994

Kaufmann, Walter: Altindien. Hg. v. Werner Bachmann. Leipzig: VEB Deutscher Verlag für Musik 1981 (= Musikgeschichte in Bildern. begründet v. Heinrich Besseler und Max Schneider. Bd. II: Musik des Altertums. Lieferung 8)

Kölsch, Ursula: Ins Leben getanzt – Erfahrungsbericht einer Geburt. In: Aus dem Bauch tanzen. Geburten. Heft 2 (1992). S. 11–18. Herausgabe und Vertrieb: Gabriele-Fischer-Institut, Windeck

Kuntner, Liselotte: Die Gebärhaltung der Frau. Schwangerschaft und Geburt aus geschichtlicher, völkerkundlicher und medizinischer Sicht. 4. ergänzte Aufl. München: Hans Marseille Verlag GmbH 1994

Kuntner, Liselotte: Was lange währt … . Schwangerschaft und orientalischer Tanz. in: Tanz Oriental 4 (1994). S. 28–32. Hg. v. Ute und Günter Dietz, GdbR. Nürnberg: Oriental-Medienverlag

Lukas, Karl Hermann: Die psychologische Geburtserleichterung. Anleitung für Ärzte, Hebammen und Krankengymnastinnen zur psychologischen Geburtsvorbereitung und Geburtsleitung. 3. überarb. Aufl. Stuttgart – New York: F. K. Schattauer Verlag 1976

Marta: Anmutig und fit durch Bauchtanz. Niedernhausen/Ts.: Falken-Verlag GmbH 1994

Möhl, Roswitha: Aufbruch gen Europa. Orientalischer Tanz als Pionierarbeit in Deutschland. in: Tanz Oriental 8 (1994). S. 34–37. Hg. v. Ute und Günter Dietz, GdbR. Nürnberg: Oriental-Medienverlag

Ohanian, Armen: In den Klauen der Zivilisation. Freiburg i. Br.: Kore Verlag GmbH 1995

Sachs, Curt: Eine Weltgeschichte des Tanzes. Nachdruck der Ausgabe Berlin 1933. Hildesheim – New York: Georg Olms Verlag 1976

Weege, Fritz: Der Tanz in der Antike. Halle: Max Niemeyer Verlag 1926

Wegner, Max: Griechenland. Hg. v. Heinrich Besseler und Max Schneider. 2. durchgesehene Aufl. Leipzig: VEB Deutscher Verlag für Musik 1970 (= Musikgeschichte in Bildern. Bd. II: Musik des Altertums. Lieferung 4)

Wilberg, Gerlinde M. / Karlo Hujber: Ganz bei mir. Impulse für Geburtsvorbereitung und Geburtshilfe. Hg. v. G. M. Wilberg und K. Hujber. Schleedorf (Österreich): Selbstverlag

Wilson, Rip: Die Geschichte des Bauchtanzes in Amerika. 1.Teil: Little Egypt und ihre Kolleginnen. in: Tanz Oriental 2 (1993). S. 20–24. 2.Teil: Midway Dancers in New York 1893. in: Tanz Oriental 4 (1993). S. 20–25. Hg. v. Ute und Günter Dietz, GdbR. Nürnberg: Oriental-Medienverlag

Zglinicki, Friedrich von: Geburt und Kindbett im Spiegel der Kunst und Geschichte. Sonderausgabe der Firma Grünenthal GmbH. Aachen: Unas Verlag, U. Bayer 1990

SACHVERZEICHNIS

A

Ägypten 122, 123
Ägyptisches Reich 111
Ängste 31
Amerika (USA) 122, 125 f
Angst-Spannungs-Schmerz-Syndrom 19,
  21, 31
Arabische Länder 127 f
Armhaltepositionen 70
Arm- und Handbewegungen 65 f
Armwellen 65, 69
Atemtechnik 20, 28 f, 82 f
Atemtypen 27, 29 f
Ausbildung 93, 97 f
Autogenes Training 22, 25

B

Baladi 90, 125
Bauchbewegungen 72 f
Bauchflattern 72
Bauchrolle 72 f, 75
Beckenaufrichtung 42, 46, 56 ff, 74
Beckenkippung 42 f, 46, 57 f
Beckenkreisen 46, 76
Beckenwelle 56, 58
Beckenwellengang 57 f
Beckenwippen 40, 75
Bewegungsanalysen 36 f
Bodentanzfiguren 74
Brustkorbheben und -senken 63 f, 76
Brustkorbkreisen 62 f, 76
Brustkorbwelle 63, 76
Brustkorbverschieben 62, 76
Bundesverband für Orientalischen Tanz
  98, 100

C

Cabaretkostüm 124 f
Christentum 18, 118 f

D

Daff 85 f
Deutschland 126
Drehungen 56, 125

E

Entlordosierung 42, 57
Entspannung 25 f
Europa 119, 122 f
Emanzipation 126

F

Filmbranche 123 f
Fruchtbarkeitstänze 108, 109, 111, 117,
  128
Frühschwangerschaft 75, 77 f

G

Gadir 117
Gebärverhalten 17 f, 130
Geburtshelfer
– Dick-Read G. 19
– Lamaze F. 20
– Leboyer F. 20
– Lukas K. H. 20
– Kitzinger S. 20
– Menne R. 20
– Nikolajew A. P. 19 f
– Odent M. 20
Geburtsphasen
– Eröffnungsphase 29 f
– Übergangsphase 30
– Austreibungsphase 30
Geburtsvorbereitungskurs 22, 91 f,
  101
Geburtsvorbereitungsmethoden
– psychosomatische 19, 21
– psychoprophylaktische 19 f
Geburtstanz 121, 128 f
Ghawazee 119, 122

Sachverzeichnis

Griechenland 113 f
Grundhaltung 37 f
Göttin 111, 113 f, 115, 118

H
Handkreis 65 f
Harem 119, 121
Hechelatmung 30, 72, 83
Hüftacht 50, 52 f, 75
Hüftbewegungen 43 f
Hüftdrop 46, 49
Hüftkick 46, 48 f
Hüftkreisen 44 f, 75 f
Hüftschaukel 50 f
Hüftschwingen 51, 54
Hüftshimmy 39 f, 74 f
Hüftverschieben 51, 54
Hypnose 25

I
Improvisations- und Interpretationstanz
 123
Indien 112 f, 118
Initiationsriten 87, 115, 117
Information(sarbeit) 22, 32
Islam 18, 118 f
Isolation, Bewegungszentrum 44, 82, 118

K
Kamel 64 f, 76
Kamelgang 58, 65
Körperbewusstsein 79 f, 27, 99
Körperschwerpunkt 37, 76, 125
Körperwahrnehmung 25 f
Kolonialismus 121 f
Kommerz 126 f
Kopfbewegungen 74
Kopfgleiten 36, 74
Kursorganisation 100 f
Kurskonzept 101

L
Little Egypt 122
Lösungstherapie nach Schaarschuch-Haase
 26

M
Monotheistische Religionen 118
Musik 84 f

Musikinstrumente 85 f
Muskel(-gruppen) 37, 82
Mysterienreligionen 87, 115

N
Naturvölker 18

O
Oberkörperbewegungen 58 f
Orientalismus 121 f

P
Patriarchat 118
Phantasietänze 125, 127
Progressive Muskelrelaxation nach E.
 Jacobson 26
Prostitution 112, 113, 119, 122, 128
Pygmäen 111, 115, 118

Q
Qualifikationen 97 f
Quellen 105, 108

R
Rhythmen 89 f
Römisches Reich 115 f
Rückbildungsgymnastik 95

S
Schlangenarme 65, 68
Schleiertanz 65, 70 f
Schritte 56 f
Schulterkreis 58 f
Schultershimmy 58 f, 61
Schwangerschaftsgymnastik 23 f, 35
Selbstbewusstsein 79 f
Sexualität 18, 81, 112, 118 f
Sklavenhandel 115 f, 118
Spätschwangerschaft 55, 76 f, 94
Sport 95 f
Sultansbrücke 36, 74

T
Tai chi 27, 79
Tanzarten 117 f, 123, 125, 127
Tanzgott Bes 111
Tanzzwerge 111, 115, 118
Tastarbeit 26
Tempeltanz 112, 113

Sachverzeichnis

Trommelsolo 88
Twisten 41, 54 f
Tabla 85, 89

V
Verantwortung 93, 94 f

W
Wandmalerei 105 f, 115 f
Weiterbildungsmöglichkeiten 97 ff

Y
Yoga 22, 25, 27, 79, 101

Z
Zentralafrika 117
Zigeuner 118 f
Zimbeln 87
Zwerchfellflattern 72, 83
Zypern 113

Bücher für Therapeuten

Anne Dick u.a.
Prävention von Entwicklungsstörungen Frühgeborener
136 S. mit 68 Abb., kart.,
ISBN 3-7905-0773-3

Christel Kannegießer-Leitner
Ihr könnt mir wirklich helfen
Psychomotorische Ganzheitstherapie für entwicklungsauffällige und mehrfach behinderte Kinder
176 S. mit 66 Abb., kart.,
ISBN 3-7905-0763-6

Emmi Pikler
Laßt mir Zeit
Die selbständige Bewegungsentwicklung des Kindes bis zum freien Gehen
2. Aufl., 246 S. mit 255 Bildern, kart.,
ISBN 3-7905-0767-9

Sabine Kollmuß/Siegfried Stotz
**Rückenschule für Kinder
– ein Kinderspiel**
2., überarbeitete Auflage, 190 S.
mit 154 Abb., kart.,
ISBN 3-7905-0850-0

Antje-Catrin Loose u.a.
Graphomotorisches Arbeitsbuch
294 S. mit 98 Fotos, vielen Zeichnungen, 20 ganzseitigen Farbtafeln und 90 Arbeitsblättern, Format DIN A4, kart.,
ISBN 3-7905-0745-8

Hans-Rudolf Weiß
Qi-Gong Übungen und Musik
122 Seiten mit 70 Abbildungen und einer CD, kart.,
ISBN 3-7905-0791-1

Ralf Dornieden
Wege zum Körperbewusstsein
Handbuch der Körper- und Entspannungstherapien
Ca. 450 S. mit ca. 120 Abb., kart.,
ISBN 3-7905-0857-8
(Herbst 2001)

Bitte fordern Sie unseren ausführlichen Prospekt an!

Richard Pflaum Verlag GmbH & Co. KG
Lazarettstr. 4, 80636 München, Tel. 089/12607-233, Fax 089/12607-200
http://www.pflaum.de, e-mail: buchverlag@pflaum.de